农科思源

中国农业科学院先行者的故事

中国农业科学院 ◎ 编

中国农业科学技术出版社

图书在版编目(CIP)数据

农科思源:中国农业科学院先行者的故事/中国农业科学院编.-- 北京:中国农业科学技术出版社,2024.12. -- ISBN 978-7-5116-7239-1

Ⅰ.K826.3

中国国家版本馆 CIP 数据核字第 2024KZ8212 号

责任编辑　朱　绯
责任校对　马广洋
责任印制　姜义伟　王思文

出 版 者	中国农业科学技术出版社
	北京市中关村南大街 12 号　　邮编:100081
电　　话	(010)82109707(编辑室)　　(010)82106624(发行部)
	(010)82109709(读者服务部)
网　　址	https://castp.caas.cn
经 销 者	各地新华书店
印 刷 者	北京中科印刷有限公司
开　　本	185mm×260mm　　1/16
印　　张	13.5
字　　数	189 千字
版　　次	2024 年 12 月第 1 版　　2024 年 12 月第 1 次印刷
定　　价	100.00 元

版权所有·翻印必究

编辑委员会

主　　任　　吴孔明　　杨振海

副 主 任　　曹永生

委　　员　　舒文华　　李建才　　柯小华　　苗水清

主　　编　　舒文华　　柯小华

副 主 编　　汤承超　　李明轩

编　　者　　张保明　　白由路　　刘　巧　　路艳峰

　　　　　　　刘　冰　　王立霞　　孔德男　　赵文婷

　　　　　　　王启现　　宗　洁　　马小燕　　杨　杰

　　　　　　　张晓鹏　　荔　霞　　夏春华　　江　帆

　　　　　　　欧阳灿彬　尚　辰　　吴瞳瞳　　马　骁

　　　　　　　郭丽红　　杨雨瞳　　刘　燕

序 言

　　中国农业科学院编撰出版《农科思源——中国农业科学院先行者的故事》，适逢中华人民共和国成立75周年。75年来，中国共产党团结带领全国各族人民不懈奋斗，创造了经济快速发展和社会长期稳定两大奇迹，中华民族伟大复兴进入了不可逆转的历史进程。在实现中华民族伟大复兴的历史征程上，农业科技事业蓬勃发展、欣欣向荣，无数科学家筚路蓝缕、勇毅前行，把个人发展同国家民族的前途命运紧紧相连，为党为国，奉献一生。他们的身影在发展与复兴的历史长河中熠熠生辉，激励一代又一代人砥砺前行。

　　1957年3月，中国农业科学院在华北农业科学研究所的基础上应运而生。群贤毕至，大师云集，他们或是负重前行的农科奠基人，或是以身许党的红色农学家，或是艰苦创业的归国生力军。他们以强农兴农为己任，鞠躬尽瘁；于中华振兴之基图，砥柱中流。在之后的数十年里，这三支力量聚集交汇，求真笃行，敬农致用，为中国农业科学院乃至新中国农业科技事业的发展、壮大、跨越付出满腔心血，立下丰功伟业。

　　历史是由人创造的。这三支力量及其体现的崇高精神既是中国农业科学院深厚历史底蕴的精神之源，也为农科精神注入了红色基因，奠定了爱国底色，跨越时空，历久弥新。

——负重前行的农科奠基人。他们用自己的身躯擎起了农业科学的灯塔，使农业科研找到了前进的方向、明确了奋斗的目标。在战乱频仍的年代，他们怀着报国宏愿，冒着枪林弹雨艰苦求学，在农业科学的道路上寻找救国救民真理；在百业待兴的新中国，他们不顾条件艰辛、不惧困难重重，将自己全部心血精力都投入研究工作中。"真诚的科学工作者，就是真诚的劳动者"。功名利禄，他们淡泊处之；案牍劳形，他们志存高远；他们心中只有一个虔诚的所指，那就是中国农业科技事业。

——以身许党的红色农学家。他们用自己的选择点亮了农科信仰的明灯，赋予了农业科研事业鲜明的红色基因和无私奉献的革命精神。无论身处何等际遇，老一辈红色农学家们永远把党、国家和人民利益放在首要位置，矢志不渝，无私奉献。在敌占区、在大后方，都能看见他们挥洒汗水开辟农业新沃土的身影。"人的一生何其短暂，只有信仰和知识可以永恒"，他们在新中国农业科技事业中，以"有一分热，发一分光"的决心，践行"一切为人民服务，对人民负责"的诺言。

——艰苦创业的归国生力军。他们为国家发展注入了强大的农科动力，驱动农业科技多点突破、硕果累累、成绩斐然，也孕育了农业科技工作者热爱祖国、服务人民的高尚情怀。他们为了祖国需要，放弃原本优渥的工作与生活条件，秉持着对祖国的爱"必须是百分之百的爱"的信念，毅然回国；他们开创了新中国治蝗业、核农学体系的先河，突破了优良品种选育等关键核心技术，解决了旱涝碱综合治理等难题，一系列重大农业科技成就是他们埋首田间地头的生动写照，农业生产实践中的伟大进步是他们心血与汗水最好的回报。

伟大信仰指引伟大行动，伟大精神造就伟大事业。建院时的三支力量是中国农业科学院的奠基人和引路人，是农科精神的播种者和践行者，更是中国农业科技事业的开拓者和领航家。他们共同书写了新中国农业科技事业气势恢宏的开篇，耕耘广阔沃土，书写历史长卷，推动农科事业蒸蒸日上，农业发展广袤繁盛。

述往思来，向史而新。站在新的历史起点上，向第二个百年奋斗目标进军的号角已经吹响，全面建设社会主义现代化国家新征程已经开启。中国农业科学院将坚定不移响应党的号召，听从祖国召唤，坚持"四个面向"，瞄准"两个一流"，继承和发扬老一辈农业科学家的精神品质与优良作风，大力弘扬以"求真笃行 敬农致用"为核心内涵的农科精神，聚力攻关奋进，打造一支敢于担当、善于作为、能打硬仗的国家农业战略科技力量，产出一批关键性、原创性、引领性重大科技成果，解决一批影响制约"三农"发展全局和长远利益的重大科技问题，为推进高水平农业科技自立自强、加快建设农业强国作出新的更大贡献。

中国农业科学院院长 吴孔明

中国农业科学院党组书记 杨振海

2024 年 12 月

导　读

历史川流不息，精神代代相传。为大力弘扬科学家精神和农科精神，赓续农科"根脉"，传承红色"魂脉"，讲好农科故事，中国农业科学院组织编写了《农科思源——中国农业科学院先行者的故事》，以建院初期荟集的科技人才为主体，把中国农业科研机构发展、农业科技体制建立与老一辈农业科学家的奋斗故事结合起来，从这些代表人物的历史强光中，展开中国农业科学院的历史寻根和精神探源。

新中国成立伊始，当时的科技人才主要来自旧中国科学技术机构和教育机构（包括原中央研究院和北平研究院）、延安、晋察冀等革命根据地和海外留学归国人员。中国农业科学院的人才也是由这三支力量汇聚而来。

在"农科探源"章节中，简要梳理了自晚清以来中国逐步建立现代农业科研体系的历程，介绍了新中国成立之前中国共产党领导农业科技发展的历史过程，以及中国农业科学院的前身——华北农业科学研究所的成立与发展和中国农业科学院筹建成立的过程。

在"负重前行的农科奠基人"章节中，详细介绍了以丁颖、金善宝、冯泽芳、盛彤笙、戴松恩五位新中国首批学部委员为主要代表的农科奠基人。他们为实现农业救国的理想，在追求民族独立的动荡年代忍辱负重、潜心钻研，为开创和发展我国农业科学技术事业作出了重要贡献，是中国农业科学院成立和发展的开拓者、引路人。

在"以身许党的红色农学家"章节中，详细介绍了陈凤桐、陈凌风、朱明凯、方悴农、林山、祖德明 6 位红色农学家。他们早年投身党的革命事业，在根据地极端艰苦和危险条件下，坚持开展农业科学研究，教民稼穑，救亡图存，科学报国，为党育才，他们是忠诚的、久经考验的共产主义战士，也是中国农业科学院红色基因的播种者。

在"艰苦创业的归国生力军"章节中，详细介绍了邱式邦、徐冠仁、庄巧生、张子仪、贾大林 5 位归国科学家，以他们为主要代表的青年赤子响应祖国号召，毅然回国投身中国农业科技事业，深耕各自科研领域，深入生产一线，艰苦奋斗，造福人民，是中国农业科学院厚植爱国底色的典范。

本书汇集了中国农业科学院成立时三支力量的部分代表人物事迹，由于篇幅所限，还有很多在中国农业科技发展史以及中国农业科学院筹建、壮大、发展过程中，作出重要贡献的优秀代表人物没有包括进来，他们同样值得我们去褒扬和赞颂。为此，我们以本书为先导，以期日后再行编续。

精神是升华，也是延伸。只有回望农科精神之源，才能探寻中国农业科学院发展壮大的路径；只有找寻中国农业科学院的历史之根，才能更加坚定高水平农业科技自立自强的信心和决心。

本书编委会
2024 年 10 月

目 录

第一章　农科探源 … 1
逐步建立的现代农业科研体系 … 2
红色政权领导的农业科技事业 … 11
新中国首个综合性农业科研机构 … 21

第二章　负重前行的农科奠基人 … 29
得到周恩来总理称赞的"谷种佬"
　　——记中国农业科学院首任院长丁颖 … 30
为延安送种子的小麦专家
　　——记中国农业科学院第二任院长金善宝 … 42
爱棉如子的棉花专家
　　——记中国农业科学院棉花研究所首任所长冯泽芳 … 55
扎根西北的兽医专家
　　——记中国农业科学院中兽医研究所创始人之一盛彤笙 … 64
"让人人都能吃上白面"的遗传育种专家
　　——记中国农业科学院作物育种栽培研究所创始人之一戴松恩 … 75

第三章　以身许党的红色农学家 … 83
半生戎马的红色农学家
　　——记中国农业科学院首任分党组书记陈凤桐 … 84
光华农场的革命伉俪
　　——记中国农业科学院哈尔滨兽医研究所首任所长陈凌风和蔬菜花卉
　　研究所首任所长朱明凯 … 95
延安兴农的多面手
　　——记中国农业科学院原党组成员方悴农 … 105

勘察南泥湾的农校教员
——记中国农业科学院原党组副书记、副院长林山 …………… 117

战斗在敌后的遗传学家
——记中国农业科学院作物育种栽培研究所创始人之一祖德明 ………… 126

第四章 艰苦创业的归国生力军 ……………………… 133

治理虫害的植保专家
——记中国农业科学院农业昆虫学家邱式邦 ……………………… 134

开拓创新的核农学家
——记中国农业科学院原子能利用研究所创始人之一徐冠仁 …………… 143

朴实无华的小麦专家
——记中国农业科学院小麦遗传育种学家庄巧生 ……………… 150

无私奉献的畜牧兽医专家
——记中国农业科学院动物营养学家张子仪 ……………………… 160

情系大地的土壤改良专家
——记中国农业科学院农田水利学家贾大林 ……………………… 167

参考文献 …………………………………………… 175

附 录 …………………………………………… 181

附录1 中国农业科学院两院院士 ……………………… 181

附录2 中国农业科学院建院以来获国家科技奖励成果 ……… 183

附录3 2018年以来中国农业科学院入选农业农村部主推技术
…………………………………………… 199

后 记 …………………………………………… 205

第 一 章

农科探源

逐步建立的现代农业科研体系

农业是立国之本、强国之基。中国拥有悠久灿烂的农耕文明，因时制宜、精耕细作的农业技术曾长期领先于世界。近代以来，传统农业耕作经验难以满足经济社会发展需要，处于农政无官、农务无学、耕耨无器的状态。特别是鸦片战争后，中国逐渐沦为半殖民地半封建社会，农业生产受到严重冲击，运用先进科学成果改造传统农业的进程远落后于西方，亟须农业生产技术变革和推广。老一辈农科奠基人立志要科学救国，在风雨飘摇的年代负重前行、不断求索，不仅在农业科技领域取得了显著的成就，也为中国近代农业科研体系的建立作出了杰出的贡献，深远地影响了中国农业的发展方向和科技进步。

晚清时期　机构初建

中国近代农业科研体系的建立始于清朝末年，创办农事试验场是举措之一。1898年，光绪皇帝批准了康有为的奏折《请开农学堂地质局以兴农殖民而富国本折》，并谕令"于京师设立农工商总局……各省府州县皆立农务学堂，广开农会，刊农报，购农器"。同年8月，清政府农工商总局正式成立，这是中国历史上首个专门掌管农业的中央行政机关，负责"开垦、树艺、蚕桑、畜牧等一切农务中生利之事"，以图振兴农业，"振兴农商"成为朝野上下的共识。

1902年，直隶总督袁世凯在保定创办近代最早的综合性农事试验场和农务学堂，分蚕桑、森林、园艺、工艺四科，这是我国最早成立的农业科研机构之一。1903年，清政府在机构改革中设立商部，商部在《通饬各省振兴农务》中要求各省设立农事试验场，"凡土质之化分，种子之剖验，肥料之制造，气候之占测，皆设立试验场，逐一讲求，纵人观览，务使乡民心领其意，咸知旧法不如新法，乐于变更。"但商部的政令仅在少数农业大省得到落实。

1906年，清政府设立农工商部作为中央政府负责农业的最高行政机构。鉴于全国各地创办农事试验场进展缓慢，农工商部于4月奏请在京师筹建农事试验场以为各省模范，农事试验场在筹建之初就被设计为集展览科普、示范推广、教学实习等多种功能于一体的综合机构。

清农事试验场大门（今北京动物园）

试验场由农工商部负责筹建，在西直门外长河畔荒废的皇家园林乐善园、继园，以及广善寺、惠安寺的基础上征地改建。根据《农工商部农事试验场章程》，试验场"研究农业中一切新旧理法，凡树艺、蚕桑、畜牧诸事，均宜次第择要考验，以期全国农业日有进步。"先后设置树艺科、蚕桑科、畜牧科等6门，其中树艺科涉及粮食和果蔬的选种、栽培、肥料、农具、气象等30余项研究。试验场工作人员多从农工商部、京师大学堂（北京大学、北京师范大学前身）等机构抽调有农学背景的人才，场内还设农业学堂，在试验中培养人才。1908年，农事试验场（1916年中华民国农商部将其改名为农商部中央农事试验场）全面竣工并投入使用。

农事试验场在机构设置上具备了现代农业科学的雏形，工作内容主要是运用西方实证的研究方法验证现代农业技术的有效性，向大众推广优秀的作物品种和先进的栽培技术。在京师农事试验场的示范带动下，至1911年初，全国共有各类农业试验机构109处，这些机构使政府和民众感受到先进农业技术的巨大作用，与农业教育和农业组织的大发展形成相互促进的良性循环，掀起兴办农会和农业学堂的高潮。1912年，全国共有各类农业学校263所，在校人数达15379人，全国农产品产值也大大提升。这些新兴机构启迪了民智，畅通了风气，为农业科学体制化创造了必要条件，给中国农业注入了生机和活力，标志着中国近代农业科研的正式起步，中国农业科技体制开始萌芽。

北京动物园中的清农事试验场现存建筑畅观楼

民国时期　体系形成

　　1911年底，辛亥革命推翻了清政府的统治，中华民国成立。1916年，全国省级以上的综合试验场有18所，农商部颁布《中央及地方农事试验场联合办法》，规定农商部直辖的中央农事试验场负责在全国推广重要农业科技成果，同时对地方农业科研机构具有指导查核职能，初步形成上下联动的农业科技体系。在北洋政府的倡导下，农商部新设农林传习所、观测所、4个棉业试验场和1个茶叶试验场，各地新建农事试验场500余处。这些农业科研机构引进了作物和家畜良种、化肥农药、新式农机具等科技成果，特别是在种质资源方面，引进国外棉、麦、稻等优秀品种进行改良和推广，普及先进农业技术，为形成完善的农业科技体系奠定基础。

　　20世纪30年代，中国由于自然灾害、军阀混战和世界经济危机，传统农业已濒临破产，农民生活困苦不堪，"复兴农村"成为全社会的共识。邹秉文[①]等一批留学归来的农业科技工作者认为改良作物品种、提高农业科技水平是复兴农村的最优策略。1931年，邹秉文本着强烈的爱国热忱，正式向政府建议在南京建立一个中央农业改进所，在各省也分别设立农业改进所，与各农科大学的工作相辅相成，以使农业的改进有整体计划，统一事权。

　　1932年1月，隶属于国民政府实业部的中央农业实验所在南京成立。作为中央级农业科研机构和主管全国农业技术改进的最高机关，其主要任务为："一、研究及改进发展中国森林、蚕丝、渔牧、农艺及其他农业技术及方法；二、中外已知之良法加以研究及试验并推广其成效之结果；三、调查农业实际情形并输入有益农业之动植物；四、调查及研究农村经济及农村社会；五、以科学方法研究农产品原料之分

[①] 邹秉文（1893—1985年），中国著名农学家、植物病理学家、农业教育家。

级。"中央农业实验所成立后，协同全国农业科研力量开展了大规模的实验研究，从作物良种培育到土壤肥料技术，从蚕桑及畜种之改良到病虫害及兽疫之防治，从全国性的农业调查到新式农具研制，研究内容涵盖农学所有领域，有力推动了基础研究水平的提高和各地农业科研机构的发展。中央农业实验所成立之时聘用了一批农学界的杰出人物，并为他们提供可以潜心研究的条件和环境。中国农业科学院农学家、农业教育家冯泽芳曾任中央农业实验所技正、棉作系主任，其间他筛选出"斯字棉4号"与"德字棉531"两个优良品种并大力推广，不仅在战时有力支持了后方的纺织工业，也成为战后国产原棉的优秀品种。中国农业科学院植物遗传育种学家戴松恩曾在中央农业实验所工作，他坚持研究不辍，为发展抗战期间的农业生产作出了很多贡献。中央农业实验所的成立，不仅在全国起到了纽带和指导作用，而且有组织、有规划地大量引进、吸收外国先进农业科学技术，标志着中国的农业科技发展进入一个新的阶段。

中央农业实验所总实验馆

第一章　农科探源

20世纪30年代，伴随中央农业实验所的成立，南京国民政府根据农业生产需要，成立多个行业性的国立农业科研机构。1933年，在南京小九华山建立中央种畜场。1934年，从中央农业实验所中单独成立中央棉产改进所。1935年，为改变每年花费一万万两白银进口米面的窘境，从中央农业实验所中单独成立全国稻麦改进所。之后，一些综合性大学农科（系）改为农学院，并设立研究所，进行农业科学研究。其中，比较有代表性的包括国立中央大学农学院（1928年由国立东南大学农科成立）、金陵大学农学院（1914年由金陵大学农科成立）、中山大学农学院（1931年由中山大学农科成立）等，中国农业科学院首任院长丁颖在1940—1943年担任中山大学农学院院长，第二任院长金善宝以及棉作学科奠基人冯泽芳均毕业于国立东南大学农科，戴松恩毕业于金陵大学农学院。

至抗战前，全国农业科研机构的在职人员达7000余人，科研经费达2000多万元法币①，科研选题逐渐向符合生产需要的纵深发展，形成了结构完整、层次分明的农业科研体系，推动了南京国民政府倡导的农业改良事业，为建立现代农业科研体系奠定了基础。

金陵大学农学院（今南京大学西大楼）

---

① 南京国民政府发行的法定流通货币。

全面抗战　曲折发展

1937年七七事变后，日本帝国主义发动全面侵华战争。初具规模的中国农业科技事业在战争中遭到极大冲击，中央农业实验所、国立中央大学、金陵大学等重要农业科研机构和教育机构整体西迁，机构和职能随战争进程不断调整，在辗转曲折中寻求稳定和发展。

许多高校克服艰难险阻，将研究资料尽可能完整地带往西南山区，在战火中培养大批抱有农业救国思想的有志青年。在中山大学西迁云南过程中，丁颖冒着生命危险抢运稻种和甘薯苗，保护了农业科研的宝贵资源。在中央大学农学院农艺系任教授的金善宝随国立中央大学总部西迁到重庆，在极其困难的情况下，他顽强地坚持教学和科研工作，深受同事和学生爱戴。中国著名兽医学家、微生物学家盛彤笙（中国农业科学院中兽医研究所创始人）毅然回到祖国，并前往迁至成都的国立中央大学畜牧兽医系任教，他潜心教学、研究和编译工作，利用晚上业余时间，翻译和自编教材，解决了几所大学微生物学的教材问题。在经费极其紧缺的情况下，他竭尽全力地开展研究工作，其成果在《自然》（*Nature*）上发表，同行们对他肃然起敬。

为提高粮棉产量以供战时需要，原中央所属的农业科研机构纷纷重组。中央农业实验所在重庆设立总部后，分派各系技术人员前往西南各省设立工作站，根据实际情况，拟订农业改进计划并完善省级农业科研机构。戴松恩辗转前往中央农业实验所贵州工作站，在极端困难的条件下，开展玉米、油菜、烟草等育种研究和技术推广工作。这个时期的中国棉区大部分沦陷，大后方缺乏原棉，优质棉更少。1938年，冯泽芳任中央农业实验所云南工作站主任期间，积极倡导研究和推广木棉，在各方面的共同努力下，云南的木棉仅几年就发展到7万亩，为大后方的纺织工业提供了优质棉原料。

随着全国原有农业科研体系的西迁，西南各省开展了大量引进、改良、推广农作物和畜禽品种的工作,农业生产能力明显提高。中央农业实验所作为全国农林技术的总枢纽机关,组织科研人员深入一线,与地方军民同心抗战、发展生产,大大提高了西南地区的农业水平。据中央农业实验所统计,战时大后方年人均食用粮食为322公斤(1公斤=1千克),较抗战前全国平均水平增产36%,不仅满足了抗战所需,也保证了农业科技事业发展的连续性,进一步健全了科研与推广紧密结合的农科体系。

国立中央大学迁渝纪念亭(今重庆大学校内)

日本为攫取中国农林资源,在东北地区建立了若干农业科研机构。其中较为著名的有以公主岭为中心的"满铁农事试验机构"、在大连设立的"关东农事试验场"以及后来伪满洲国的"国立农事试验场"。在华北地区,日本将"华北产业科学研究所"从青岛迁至北平(今北京),在北平西郊白祥庵村(中国农业科学院中关村院区现址)建立"中央农事试验场",1940年更名为"华北农事试验场"。日本建设华北农事试验场,并派遣大批农业专家来华开展工作。之后更扩充至河北、山东、河南、山西、江苏等地,拥有5个支场、1个分场、2个试验地、13个原种圃,成为华北地区开展农林畜产改良的专业农事试验机构。

1945年抗战胜利后，农林部及中央农业实验所等机构陆续回迁南京，并着手接收日伪时期留下的农业科研机构，恢复并加强抗战前的农业科研体系。在北平的华北农事试验场被一分为四，即中央农业实验所北平农事试验场、华北林业实验场、华北畜牧工作站和华北兽医防治处，原中央农业实验所技正戴松恩担任北平农事试验场场长。1949年，中央农业实验所随国民党迁往我国台湾，一大批德高望重的农科奠基人选择留下建设新中国，历经数十年的探索积淀，中国农业科技事业即将进入蓬勃发展的新时期。

在这风雨如晦的年代，丁颖、金善宝、冯泽芳、盛彤笙、戴松恩等先辈艰苦求学，负重前行，坚持科研与生产结合，成为了中国农业科技事业的拓荒者和引领者。他们传承了中华民族"农为邦本"的优秀文化底蕴，继承了农耕文明"尚农重农"的深厚传统，亲历了一个农业古国在救亡图存过程中的强农探索。在他们的带领下，中国农业科学院在建院后充分汲取历史经验教训，迅速牵头构建统一高效、上下联动的全国农业科研体系，为中国农业科技事业的发展奠定了坚实的基础。

中央农业实验所北平农事试验场（华北农业科学研究所前身）主楼

红色政权领导的农业科技事业

中国农业科学院组建时就有着鲜明的红色基因，一批在革命战争年代作出巨大贡献的红色农学家在中国农业科学院的成立和发展中发挥了重要作用，带动了一代代农科人坚定不移听党话、跟党走。在红色政权于根据地发展壮大时期，陈凤桐（中国农业科学院首任分党组书记）、陈凌风（中国农业科学院哈尔滨兽医研究所首任所长）、朱明凯（中国农业科学院蔬菜花卉研究所首任所长）、方悴农（中国农业科学院原党组成员）、林山（中国农业科学院原党组副书记、副院长）、祖德明（中国农业科学院作物育种栽培研究所①创始人之一，曾任所长）等老一辈科学家都奋战在边区建设的第一线，与边区人民一起"自己动手、丰衣足食"，运用科学技术，开荒种地，开展农牧业生产，为抗日战争和解放战争提供了坚实的物质保障，也为后来的农业发展积累了宝贵的经验，培养了农业技术人才，创新了生产方式，产出了珍贵的学术成果。

深入敌后　发展农科

1921年，悠悠红船庄严启航。自中国共产党成立以来，农业和农民问题就是全党革命工作的重要内容。1925年，中共四大第一次提出了"工农联盟"，充分体现了党对涉农问题的重视。抗日战争和解放战争期间，针对敌人的封锁和围攻，在中国共产党领导的根据地和解放区，利用现代农业科学技术发展农业生产、保障粮食供给的努力从未停歇。

1937年，七七事变的爆发促成抗日民族统一战线的建立，工农红军三大主力改编为八路军、工农红军和游击队改编为新四军。八路军第115师

---

① 现作物科学研究所。

副师长聂荣臻率独立团、骑兵营等部以五台山为中心,创建首个抗日根据地——晋察冀(今山西、河北、内蒙古部分地区)抗日根据地。1938年1月,晋察冀边区行政委员会正式成立,这是中国共产党领导的第一个敌后统一战线性质的抗日民主政权,包括山西省东北、察哈尔省西南(今内蒙古自治区部分地区)、热河省南部(今内蒙古自治区、河北省、辽宁省部分地区)和河北省大部分地区,下辖39个县,面积约10万平方公里,人口1000余万。

边区政府设在偏僻贫瘠、耕地稀少的阜平山区,粮食不够吃,野菜、树叶都被当作食物。面对敌人的严密封锁和落后的农业生产条件,边区政府于1940年成立农林牧殖局,下设太行区辽县(今山西省左权县)、赞皇、武乡、黎城、平顺和涉县农业指导所,选派陈凤桐、祖德明等农业人才以"农

陈凤桐等编写的《农业生产月历》

林畜牧之调查研究试验推广等事项,有关水利之报导推广及经营事项"为主要任务,针对战时生产需要开展研究,推广先进生产技术。

1946年5月,太行行署下辖长治、磁县、邢台、左权4个农林局。1948年8月,晋察和晋豫边区政府合并成立华北人民政府,设农业部主管农业和农业科技推广应用等。在这段革命岁月里,边区政府组织农业生产、开展科学研究,在农业生产、贮存与消费多环节工作中都有创新和创造。

在生产环节,边区政府设立了8个专区农场,专人专事农业生产,祖德明等专家在边区农业生产的战斗中,总结和推广群众生产经验,与同志们一道研究浸种催芽法,改善耕作;治理小麦黑穗病和红枣尺蠖等严重影响生产的病虫害;推广地头挖坑、就近割草、积肥利用、黑豆绿肥等方式解决肥料问题;引种"811""燕京15"等谷子品种,"白马牙""金皇后"等玉米品种,以及美棉品种在附近村庄示范推广。

边区军队帮助群众灭蝗

在科学事业发展上,陈凤桐响应延安自然科学界号召,发起成立晋察冀边区自然科学界协会,并被推选为理事长,后又创办学术刊物《自然科学界》,这一刊物成为整个边区科普宣传和技术推广的重要阵地。协会交流讨论、经验共有、研究共担、成果共享，在普及知识的同时，还为打破敌人经济封锁和支援抗日战争培养了大量人才。

边区政府积极鼓励科学研究工作。1941年7月，晋察冀边区行政委员会颁布了《奖励生产技术条例》，提出切实帮助农业、林业、水利、畜牧等各项技术人员从事技术试验研究，研究期间试验费、生活费由政府供给。1945年又修订为《奖励技术发明暂行条例》，规定技术人员对农业、畜牧等科学技术有所发明、改良或创造，均呈请边委会、各省管政府、行政公署及市政府核定、予以奖励。

在党的领导下，在边区农业科技工作者与全体军民艰苦奋斗下，晋察冀边区逐渐建成了一个布局合理、能配套自给的军工生产体系；同时也有效开展农业科学研究工作，农业生产水平持续提升，他们宝贵的工作实践为其他边区的建设提供重要参考，被誉为抗日模范根据地。晋察冀边区成为抗日战争和解放战争的坚强堡垒，为新中国成立奠定坚实的基础。

阜平易家庄试验田中的龙骨水车

第一章　农科探源

扎根延安　再上台阶

1935年10月，红军长征抵达陕北，这片土地的命运也随之改变，以延安为中心的陕甘宁边区广袤大地上，传奇的故事即将拉开帷幕。

1937年9月6日，陕甘宁边区政府成立，定延安为首府。中共中央曾在延安驻扎十余年。延安不仅是中国革命的圣地，也是中国人民抗日战争和解放战争的指挥中心和总后方。在这片古老的黄土地上，中国共产党领导一大批知识分子开展农业科技研究和技术推广，取得了丰硕的成果，解决了140万军民的生存问题，极大促进了陕甘宁边区的农业发展，为新中国农业科技的发展培养了人才，在中国农业科技发展史中具有重要的里程碑意义。

陕甘宁抗日根据地初设之时，边区地广人稀，地瘠民贫。根据地的农林事业由建设厅主管、下辖的各行政公署及县政府也都设实业科、农林科等机构管理农业。当时的边区缺少人才，1939年12月，毛泽东起草了《大量吸收知识分子的决定》，指出"在长期的和残酷的民族解放战争中，在建立新中国的伟大斗争中，共产党必须善于吸收知识分子"。"到延安去"的口号响彻中国大地，大批有革命情怀的知识分子奔赴延安，投身抗战事业。仅1937—1938年，就有2288名青年知识分子来到延安。他们之中有大批国内高等院校的学生，还有自学成才的技术人员、爱国华侨和国际友人等。据陕甘宁边区自然科学研究会的不完全统计，农林科技人员总共有46名。

在党中央领导的关心下，在建设厅的组织下，示范农场、农业学校、农业试验场和研究农业的专业学会也陆续建立起来。1939年4月，由方悴农、陈凌风、朱明凯等参与筹建的陕甘宁边区农校落成，主要宗旨是培养具有普通农业科学知识、领导农村经济建设和农业生产的行政干部。陈凌风任农校农业试验场副场长兼畜牧股股长，方悴农任教育主任兼农艺股股长，朱明凯任园艺股股长。他们和其他专家一起，成为这所农校的柱与梁，是根据地农科事业的先行者。农校学习课程有农业行政（包括土地及农民问题）、农田作业（农作物栽培、土壤、园艺、畜牧、林业、水利）、科学常识（国语、数学）及政治常识等。农校的农事试验场既是实习基地，也是生产自给基地。农校平均每年收获粮食30万斤，养殖了羊、牛、马、骡、驴等，最重要的是培养了300多名优秀的农业人才。

1939年5月，党中央在延安创办自然科学研究院，抽调了30多名科学技术专家开展工作。由于缺乏人才，开展各项科研工作的力量严重不足，于是通过办学校培养科技人才的任务很快提上了议事日程。1940年春，党中央决定把自然科学研究院改为自然科学院，创办一个教学与研究相结合的机构，其任务是："培养既通晓革命理论又懂得自然科学的专业人员、理论与实践统一的人才。"1940年9月，延安自然科学院正式开学，设有大学部和中学部，大学部设有物理、化学、地矿和生物四个系，学制三年。1943年，延安自然科学院并入延安大学。

1940年3月，陈凌风、朱明凯作为主要创始人参与筹建延安光华农场，设置了农艺、园艺、森林和畜牧兽医4个组，开展农作物品种选育和栽培技术试验，推进牛、羊等畜群饲养管理、繁殖育种和疫病防控等工作。陈凌风曾担任第二任光华农场场长。

1942年，光华农场规模扩大，在延安设第一分场，用地150亩，在安塞设第二分场，用地200亩。当时，光华农场选育优良粮食作物20余种、经济作物花卉70余种。农场的技术人员依据陕甘宁边区自然环境的特点对狼尾谷、金皇后玉米、白秆黄硬糜进行了播种试验，后将这几种作物在边区进行了推广种植，使新开垦的耕地有优种可种，也有好果实可收，不仅使边区人民都能够吃上饭，还创造了巨大的经济价值。

在畜牧业发展方面，研究人员针对牛、羊、驴等家畜开展品种改良、疫苗研制等工作。陈凌风研发的牛瘟疫苗就是其中之一。在大生产运动刚开始

光华农场干部向群众介绍谷子生产经验

的时候，牛瘟泛滥，仅1942年、1943年两年就有7500余头耕牛死于牛瘟，对农业发展的伤害不可估量。为解决牛瘟，陈凌风不分昼夜，在随身带来的书籍资料翻找答案，又结合之前工作经验，在没有任何仪器设备的情况下，设计所需仪器设备的代用品。1943年，牛瘟疫苗研制成功，一年间治疗病牛103头，免疫犍牛3019头，扑灭了甘泉、延安、新宁以及关中中心区等地的牛瘟。1945年后，此病再未发生。

除进行科学试验研究外，光华农场还经常派技术干部下乡调研并开展农业技术推广。农场职工们不惧艰险、辛勤劳作，在很短的时间内就使农场改换新颜，为延安机关和学校等机构提供的蔬菜与鲜奶不计其数。

光华农场技术人员研究果树种植技术

1940年，延安自然科学院主任、农林学家乐天宇根据朱德的指示，与方悴农、陈凌风等发起成立延安中国农学会，把各单位的农业科学工作者组织起来，为发展大生产运动出谋划策。学会推选乐天宇为首届主任委员，陈凌风为宣传委员，方悴农为组织委员，第一批会员30多人，有朱明凯、林山等。在那个艰苦岁月里，农学会以"研究农业学术，普及农业知识"为宗旨，依靠自然科学院、光华农场和边区农校等单位，在开辟南泥湾、防治病虫害、提倡植棉、发展养蚕、扑灭牛瘟等方面，作出了切实贡献。

20世纪80年代部分光华农场职工回延安旧址探望

方悴农作为农学会组织委员，只要一有机会，就千方百计邀请从敌后过来的农学专家到学会交流相关情况。1944年，当他得知陈凤桐从晋察冀抗日根据地到延安学习的消息，立马找上门去。陈凤桐跟农学会交流了晋察冀边区创办刊物、选设基地以及如何控制蝗虫灾害、小麦锈病、猪和牛的一些传染病等。延安中国农学会也谈了办农校、组建农学会、南泥湾屯垦、提倡植棉、消灭牛瘟等经验和做法。这是中国共产党抗日根据地建立后，敌占区和大后方区域间第一次农学交流，为红色农学发展起到了推进作用。

大搞生产　丰衣足食

1940年，林山作为陕甘宁边区森林考察团主要成员，一行6人从延安出发，进行了为期47天的考察，这次考察，掌握了南泥湾一带生态环境和自然资源，写成《陕甘宁边区森林考察报告》，其中提出开垦南泥湾以增产粮食的建议。当时的南泥湾人迹罕至，有着"烂泥湾"之称，经过反复考察，大家一致认为南泥湾是一片可以长粮食的地方，值得垦荒开发。方悴农等提出招募垦荒人以及如何解决好住宿、吃饭等问题。林山等人根据丰富的农业知识与工作经验，迅速草拟了开垦计划。中央决定调集部队开进南泥湾军垦，一面垦荒种粮，一面进行军训，开展了轰轰烈烈的南泥湾大生产运动。在毛泽东提出"自己动手、丰衣足食"的号召下，军民共同投入生产建设，开展了以农业大生产运动为重要方式的农业科技推进工作，不仅保障了粮食供给，也初步构建了由中国共产党领导的农业科技体系，为新中国成立后创建中国农业科技体制奠定了思想基础，提供了宝贵建设经验。

大生产期间部队在南泥湾开荒

开垦南泥湾是中国共产党在根据地开展大生产运动的典型代表，这一壮举的深远意义在于，中国共产党不仅善于打碎一个旧世界，而且善于建设一个新世界。

农业经济政策也成为大生产运动中调节农业生产的有效杠杆。方悴农牵头提出的边区农贷意见等建议，经边区中央财经委批准，中国农学会署名的《我们对于边区农贷问题的建议》发表于1941年11月23日的中共中央机关报——《解放日报》上。当时的边区银行分管农业贷款工作，农业贷款本着帮助群众发展生产的初衷，通过广泛宣传发动，让群众自觉自愿投入开源节流、增产增收。

1942年，边区各县发放150万元农具贷款，吸引农民自筹资金100多万元，8000多个农户增加了2672头耕牛、4980件农具。这种方法不仅把农贷真正用到生产上去，还通过鼓励节约，将部分流入消费资金转入扩大再生产中。边区政府还一次性筹备2000万元农贷，在农民最需要的时候全部发放到各区县乡政府。如此宏观政策，极大地解放了边区大生产运动中的农业生产力。

在农业科技的推动和农科工作者的组织下，边区全体军民团结在党的周围，迎难而上、拼搏创造，迎来了奇迹般的胜利。在延安党政军民大力发展农业生产，开展生产自救期间，陕甘宁边区及中共所辖解放区人口迅速扩增到1.255亿，其中军队127万人，民兵288万人。此消彼长，国共力量在抗日战争结束前发生了逆转。1945年，中国共产党在全国各地已建立晋察冀、晋绥、陕甘宁、晋冀豫、冀鲁豫、山东、苏南、浙东等大大小小数十块革命根据地，这些根据地的边区军民衣食足、能温饱，抗日战争和解放战争也有了坚不可摧的大后方。随着抗日战争的胜利，红色农学家们从根据地走向全国各地，继续献身党的伟大事业，在解放战争全面胜利和新中国成立之后，不断开拓农业科技工作的新天地。

新中国首个综合性农业科研机构

中国农业科学院于1957年3月正式成立,其前身是位于北京市原白祥庵路2号的华北农业科学研究所,也就是今天中国农业科学院中关村院区的所在地。华北农业科学研究所成立于1949年5月,是农业部(2018年后改为农业农村部)领导的七个大区研究所(华北、东北、西北、华东、华中、华南、西南)中最早成立的,是新中国第一家综合性农业科研机构。在1949—1957年,华北农业科学研究所的专家们艰苦创业、报效祖国,解决了农业生产中的大量实际问题,为新中国农业科技事业的发展作出重要贡献。

护场迎解放　组建新机构

1948年12月,平津战役进入关键阶段,隆隆炮声响彻北平郊区,中央农业实验所北平农事试验场里也在进行一场"较量"。一方面,国民政府命令试验场技术人员准备南迁,并把所有的技术资料、标本、种子等装箱待运;另一方面,中共地下党成立"护场委员会",配合接管先头小组和解放军做好试验设备的转移工作,向科研人员讲解部队入城政策和护厂护校事宜。时任试验场场长戴松恩拒绝国民党的命令,决心留在北平,组建工人护场队,保护试验场内财产、仪器设备和档案资料。1948年12月14日,东北野战军进驻清华大学和燕京大学(现北京大学),海淀区获得解放,北平农事试验场未受战火破坏,没有一个研究人员随国民党南下,也没有一箱研究资料受损。

1949年2月1日,北平解放的第二天,科研人员齐聚科研楼三层礼堂,北平军事管制委员会农林水利处代表陈凤桐身着军装,宣布接管农事试验场,戴松恩留任场长,试验场迅速恢复科研和生产工作。陈凤桐曾写道:"在今春北平解放战争中,该场在严重的炮火和敌人有计划的破坏危机下,赖英勇的解放军，掩护协助军事管制委员会工作组，指挥留场员工经过10余日的抢救保护，方把用中国人民血汗所建设装备起来的、中国有数的农业科学研究机关，较完整地保存下来。这座科学机关，已经随着北平的解放，而将永远为人民所有。"

1948年中国人民解放军北平市军管会农林水利处的
陈凤桐（前排居中）、方悴农（前排右1）、
祖德明（前排左1）三位军代表及部分工作人员

1949年4月，华北人民政府在北平农事试验场与中央林业实验所华北林业试验场、中央畜牧实验所北平工作站、农林部兽医防治处北平分处以及河北农业改进所等机构的基础上组建华北农业科学研究所。1949年5月1日，华北农业科学研究所正式成立，陈凤桐任所长，祖德明、戴松恩任副所长。新成立的华北农业科学研究所下设作物系、园艺系、病虫害系、理化系、畜牧系、家畜防疫系和森林系，还增设了农业气象研究室和专门开展遗传、生理、生化等基础研究的应用植物系。至1950年3月底，全所职工人数为617人，包括行政人员、技术人员、练习生、技术工人、农工、一般工人、夫役

等。1953年1月，华北农业科学研究所森林系成立为中央林业部林业科学研究所。

1952年科研人员在华北农业科学研究所前合影

深入农村一线　服务人民群众

华北农业科学研究所成立后，迅速开展政治学习，以"为人民服务，为人民负责"为原则，按照"从群众中来到群众中去"的工作方法，提出"没有调查，就没有科学研究权"。研究所技术人员以粮棉增产为主要任务，深入农村开展调查研究。研究所成立半年，就有60多位科研人员配合农业部，进行了华北五省84县212村的普查和其他专业调查。陈凤桐写道："十年大战之后，农业上到处遭到灾害，也到处需要科学，科学在农村，如大旱之望云霓。农村到处海阔天空，都可用武，只缺少科学界能联系群众的无数英雄。"

1953年春，华北农业科学研究所制定的《五年工作计划大纲》经农业部批准，商有关部门同意，抽调58名技术干部，联合农业部28人和中国科学院4人组建了河北、山西两个农村工作组。其中，河北工作组在全省建立54个研究基点。山西工作组在全省建立27个研究基点。科研人员深入总结群众经验，研发推广选用良种、集中施肥、深耕灭茬、合理密植、防治病虫害等综合增产措施，使各工作基点的粮棉产量普遍增产30%~50%。科研人员与农民共同研究、共同劳动，对传统生产经验进行了科学解释，激发了农民学习运用科学方法的积极性，得到当地党政机关的大力支持，与农民结下深厚友谊，为新中国农业科技工作树立了标杆。

1957年，华北农业科学研究所建所八年共取得各类科研成果149项，其中已告一段落并应用于生产的46项，在各类报刊上发表文章600余篇。

在品种选育方面，华北农业科学研究所把农家良种的整理和评选列为重点工作，通过杂交培育和良种引种，选育出小麦、玉米、谷子、甘薯、棉花、蓖麻、蔬菜共32个区域性良种，分别在华北各地示范推广。

在土壤肥料与耕作栽培方面，华北农业科学研究所对渤海湾北部盐碱地区进行了较系统的调查研究，提出稻田分期洗盐等技术措施。利用马粪浸出液成功研制半坑式高温速成堆肥法。研制花生根瘤菌可促进花生增产15%~20%。

在植物保护方面，提出了华北冬小麦区预防锈病流行的主要措施，鉴定并推广"早黑壳""平原50"等抗病品种。成功研制六六六粉等杀虫剂，并研发拌种、内吸剂、毒饵等技术推广应用。

在畜牧方面，明确了定县猪、垛山猪、三河马、滨州奶牛为我国的地方良种，并做进一步选育研究。研发蒙古羊杂交改良、农村马匹人工授精等技术。成功研发玉米秸秆用作青贮饲料技术，并大量推广。

在园艺方面，通过定县鸭梨示范园的技术改进，初步提出了鸭梨栽培技术措施。选育出若干桃、李和葡萄良种，进行繁殖和试种。总结北京蔬菜温室阳畦栽培经验，在华北各地应用。

在期刊方面，先后编辑出版了《农业学报》《农业科学通讯》《苏联农业科学》和《华北农业科学》4种期刊,广泛宣传农业科学知识。

华北农业科学研究所通过一系列思想改造运动,使干部职工的政治觉悟和思想水平显著提高,在确定研究选题时,首先考虑国家的计划任务和生产需要,先后数次抽调研究人员到西藏、新疆和内蒙古等地,顺利完成国家支援边疆的任务,一部分思想先进的科技人员积极申请入党。

华北农业科学研究所科研人员在山西临汾蹲点

农科大业开新篇　群英毕集砥中流

早在国民经济第一个五年计划时期(1953—1957年),随着科学技术在农业生产中的作用日益凸显,加强农业科学研究,建立统一的、国家级农业科研机构日益迫切。1954年8月,农业部党组向中央农村工作部呈报《关于筹建农业科学研究院向中央的报告》,文中指出"目前国家进入计划经济建设,农业增产任务很大,农业生产合作社迅速发展,对农业科学技术的要求日益增加，建议选拔一批全国著名的农业科学家组织中国农业科学研究院，以便统一与加强全国农业科学研究工作的领导"。

1954年9月，中央农村工作部就筹建农科院问题进行了批复，指出"为统一全国农业科学研究工作的领导，配合农业合作化运动，以促进农业生产的发展，建立这样一个农业科学研究机关确属必要"，并同意农业部党组先行成立筹备小组的意见。筹备小组正式成立，对选址、规模、人员、科研设施等进行详细的商讨，组织起草了《建立中国农业科学研究院草案》。

1956年4月，农业部向国务院七办、周恩来总理及中央报送《关于筹建中国农业科学院问题的报告》，提出"多次与党内外科学家就筹建中国农业科学院恳切交换意见，一致认为正式成立中国农业科学院已刻不容缓"，就成立方式提出"拟以华北农业科学研究所作为中国农业科学院院址，充分利用原有部分人员和全部基建"。该报告对机构设置、院长人选等都提出了建议。

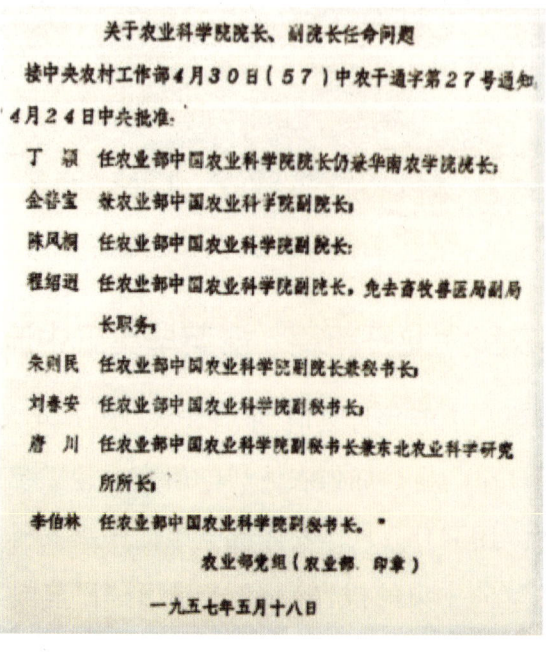

《关于中国农业科学院院长、副院长任命问题》文件

第一章 农科探源

1957年3月1日，中国农业科学院在北京正式成立，来自全国各地农业科研机构和高等农业院校的农业科学家、各有关团体及苏联农业部和全苏列宁农业科学院的代表等，共计400余人，在北京参加成立大会。时任农业部部长廖鲁言致开幕词，并宣布正、副院长和学术委员会名单，邓子恢副总理出席会议并讲话。华北农业科学研究所不仅是中国农业科学院院部的所在地，更给予了全部的科研人员和科研资源，所长陈凤桐担任中国农业科学院首任分党组书记。5月18日，农业部党组印发《关于农业科学院院长、副院长任命问题》，丁颖任院长，金善宝、陈凤桐、程绍迥任副院长。正如中国农业科学院首任院长丁颖在成立大会上所作报告中指出的，"中国农业科学院的成立是我国农业科学事业发展中的一件大事，标志着我国农业科学事业新的开始。"自此，中国农业科技事业迈入统一部署、全面发展的新阶段。

新中国成立后，党和政府在全面接收原有科学技术机构和教育机构的同时，力争把原来在这些机构工作的科学技术人员留下来服务新中国的科技事业。再加上争取和安置归国专家，培养新一代科学技术人才，通过这三条途径，新中国的科技人才队伍迅速成长，不断壮大。根据有关部门统计，截至1950年8月，在国外的中国留学生有5541人，其中专攻理工农医学科的占70%，许多人已经在自己的研究领域有所成就，成为有关学科的知名专家。在得知新中国成立后，他们希望尽快回到祖国，用自己的聪明才智为新中国的建设增砖添瓦，新中国迎来了海外人才归国的热潮。归国热潮从1949年持续到1957年春，人数在3000人左右，占新中国成立前在外留学生、学者总数的50%以上，可以说为新中国科技事业输送了极为宝贵的新鲜血液。这批回国人员成为我国高新科技领域和基础学科的开拓者，与新中国派往苏联及东欧的留学人员共同组成我国科技事业的中坚力量。

中国农业科学院成立后,以邱式邦、徐冠仁、庄巧生、张子仪、贾大林等新中国成立前后的爱国归国青年为主要代表的优秀科学家成为科研工作的生力军,他们将世界农业科学的发展趋势和本土农业生产实践相结合,与中国农业科学院老一辈奠基人、开拓者们一道,为治理病虫害、提高农作物单产、发展畜牧业、扩大耕地面积等开展了卓有成效的研究推广工作,留下宝贵的精神财富。

中国农业科学院成立大会

第二章

负重前行的农科奠基人

得到周恩来总理称赞的"谷种佬"
——记中国农业科学院首任院长丁颖

1954年，农业部提出选拔一批全国著名的农业科学家组建中国农业科学院。丁颖作为全国著名的水稻专家、中国农业科技和农业教育的先驱，在1955年初被聘为农业部农业科学工作协调委员会委员，深度参与中国农业科学院的筹建工作。1955年6月，时任全国人大代表、华南农学院首任院长的丁颖当选中国科学院首批学部委员。1957年3月，丁颖被国务院任命为中国农业科学院首任院长。丁颖一生的科学论著共有140余篇，在水稻的起源和演变、稻科分类、稻作区域划分、水稻系统发育、水稻育种及光温反应等方面作出奠基性贡献，他提出的稻作理论为中国乃至全世界的稻作提供了理论依据。

寒窗苦读　三渡日本

广东省高州市位于粤西南，东近南海，南踞鉴江平原，是广东省的稻米主产区之一，也是丁颖的故乡。在高州不仅有丁颖的多座塑像，更有以丁颖名字命名的小学、农业园以及丁颖纪念馆。

1895年，7岁的丁颖进入石塘合水童蒙书馆学习四书五经。穷人家的孩子早当家，丁颖每天放学后都要回家放牛，

重新修缮后的丁颖故居

并且总要带上一本书。有一次,他读书太过入神,老牛偷偷溜进稻田齐刷刷地"剃"光了一大片秧苗。尽管父亲为此给人赔了不少不是,可他仍然改不了放牛读书的习惯,他用长长的牛绳把牛拴在够不着稻田的地方,想尽办法在放牛时多读书。

1906年,18岁的丁颖历经十年寒窗苦读,以优异的成绩考入县城的高郡中学堂(高州中学),结识一批追求进步的知识青年,他寻求变革社会的另一条路,萌发了研究科学、致力民生的理想。

1931年丁颖回乡创办的合水小学,后改名为丁颖小学

1909年,丁颖以全优的成绩从高州中学毕业。这一年,像所有身处时代洪流的年轻人一样,他苦苦思索着救国之路。毕业典礼上,他对同学们说:"诸君,当今之血性青年,当为农夫温饱尽责努力。我决意报考农科!"在优等生趋之若鹜报考文法商科的年代,他的抉择虽然语惊四座,但并非一时兴起。尽管深知学农务农的艰苦,但他早已笃定了农业报国的志向。

由于当时没有专门的农业大学,经反复权衡,丁颖报考了国立广东高等师范学校的博物科。丁颖一心想要学习日本的先进知识，带着"要使吃不尽苦头的农民与现代科学发生联系"的理想，1912年他考取了公费留学日本的机会。在日本，他把自己深深埋进书堆，钻在实验室，刻苦专研，渴望早日学成回国。1914年6月，他曾一度回国，之后于9月考取日本熊本第五高等学校继续学习。1919年五四运动爆发后，强烈的民族自尊心使他万分痛恨日本军国主义，随着日本侵华的加剧，丁颖不愿再留日本，毅然辍学回国。

丁颖青年时期照片

回国后，丁颖先后在高州中学和高州农校任教，后来又担任了广东省教育厅的督学。在一年多的时间里，他发现，改革社会远非少数人力所能及，教书或当个小职员于救国无补。1921年，丁颖第三次东渡日本专攻农艺。在东京帝国大学，他是唯一攻读农科的中国留学生。1924年，丁颖获得东京帝国大学农学部学士学位，也是该校第一个攻读稻作学的中国留学生。

精研稻作　苦干求实

1924年，丁颖进入广东公立农业专门学校任教（中山大学农学院前身），他一面教书，一面开展试验。丁颖苦于找不到参考资料，但又不愿像其他教师那样对着洋书照本宣科。他夜以继日地翻阅农书古籍，编写讲义。在他的《三十八年的回忆和感想》一文中写道："经验不等于科学理论，古农书和农民的经验不能完全满足编写讲义的需要和达到科学应用与生产的目的，于是我决心开展整套的稻作试验研究。"

1926年，丁颖任中山大学农学院教授兼稻作试验场主任，在学校附近犀牛路尾的水塘里发现了一种野生水稻，他将这种野禾命名为"犀牛尾"。

在阅读大量古籍之后，他发现两千年前东汉许慎的《说文解字》中收录了"秔"（"粳"字的前身）和"䆉"（籼稻）。根据初步研究，他在1927年和1928年分别发表了考证文章《中国作物原始》和《谷类名实考》，提出水稻起源于中国。

同在1928年，日本农学家加藤茂苞发现了籼稻和粳稻的区别，他把在印度栽培较广的籼稻命名为"印度型稻"，把在日本栽培较广的粳稻命名为"日本型稻"。丁颖不满这种命名方法，提出用"籼"和"粳"的汉语发音取而代之。但是，限于《国际植物命名规则》的命名规则，已定的学名不能更改，丁颖的提议未被接受。30年后，丁颖发表了轰动学术界的《中国栽培稻种的起源及其演变》一文，以充分论据纠正了中国栽培稻来自印度以及中国的粳稻为日本型的错误论断。2011年，DNA分析结果再次证实了水稻起源于中国。2018年，在 Nature 发表的文章中恢复了"籼""粳"的中国式命名。

从1927年起，丁颖先后创建了6个稻作试验场，他变卖一部分祖产，从自己的工资中拿出钱来租田雇工，靠卖青苗维持试验。他认为，我国农民在长期生产实践中培养出来的地方品种是祖国的宝贵财富，对它们的某些性状加以改造利用，是改良现有品种或选育新品种最现实有效的途径。他首先从各地优良的农家品种中选出优异的单株材料，并对栽培习惯等进行鉴定，在选育过程中采用原产地的栽培方式，不仅评定产量高低，还注重其性状表现，优中选优后再向原产地推广。在十几年的时间里，丁颖先后培育出百多个优良品种，为提高我国水稻产量和品质作出了巨大的贡献。

1936年，丁颖用广东农家品种"早银占"与印度野生稻杂交，培育出世界首个"千粒穗"水稻类型，最大的穗中有1400多个谷粒，沉甸甸金灿灿的稻穗像散开的高粱穗子，这是水稻学术研究的重大突破，震惊世界。但他很快把这项研究工作搁置下来，因为他发现"千粒穗"种性不易稳定，加上当时农民耕作水平落后，难以满足在生产中需要具备的条件，一向务实和重视解决生产实际问题的作风使他把更多的精力投入解决人民温饱的实际研究中去。

1933年,丁颖成功从"犀牛尾"与栽培稻杂交的几十个品系中获得了最佳品系,他兴奋地用中山大学校名为这个品种定名为"中山1号",这一品种在两广地区推广繁衍,历时50年而不衰。为了推广良种,丁颖也是煞费苦心。他在试验场种"样板田",让学生们把良种带回家乡试种,采取承包产量的方法与农户签订合同,甚至还推广了农民用普通稻谷与农场交换良种的"换种"制,在他的推动下,两广地区大批农民采用了他的良种,普遍增产5%~25%,丁颖也成为百粤闻名的"谷种佬"。

丁颖培育的千粒穗

1930年丁颖(前排左3)参与成立国立中山大学农学院石牌稻作育种试验场

忍辱负重　一心为农

抗日战争期间，丁颖弃名利如敝履，两次谢绝出任广东省农业厅厅长，以布衣淡食为荣，每餐吃的常是甘薯叶、咸萝卜干和红米粥。1938年，隆隆的炮声逼近广州，中山大学决定西迁云南澄江。

在珠江河畔的几只帆船上，挤满逃难的师生和家属。启航时间到了，可迟迟未见丁颖的身影，几十双眼睛焦灼地搜索着珠江长堤的路，一时间空气仿佛要凝固了。"来了！来了！"只见瘦小的丁颖和助手扛着几大捆甘薯苗和稻种奔了过来。看着大家不解的眼光，丁颖擦着额头上的汗对船家说："大佬，对唔住了（对不起了）！我知道炮声紧，但这些

丁颖在云南

是良种薯苗和稻种，填饱肚皮要靠它呀！"刚在云南澄江安定下来，丁颖就急忙了解当地农民的实践经验，并据此写成《澄江稻作法之考察》。

1942年，丁颖发表论文《纯粹科学的农学观》，批判了当时看不起农民，看不起旧法，要以外国的"新农法"来替代"经验农法"的人。他认为：农学是应用的科学，没有需要应用的对象，便没有农学存在的余地。在纯粹的自然科学里边，看不见物种改造的奥秘，想不到自然条件和生物条件的关系，管不了复杂的农村经济情形，应由农业专家研究应用科学之农学者，就真实陈旧的经验农业中加以探讨之。

常年的田间试验使得丁颖养成了"巡田"的习惯。工作之余，他都会卷起裤腿，与学生、农民一起下田耕作和勘察。在一次考察中，丁颖发现稻田中间一小片稻株枯黄，便蹲下要脱掉鞋袜下田。随行人员赶紧下去把整株水稻挖上来给他看。他却说："不亲自下去用脚踩一踩周围的土壤，用手摸一摸稻根分布，感受土质的松软度和透气性，观察周边稻株的情况，怎能判断受盐碱危害的程度呢？间接观察和自己下去观察是不一样的啊。"

在抗战中，丁颖随中山大学三迁校址，1940年迁址粤北时，他出任农学院院长，因他在农学界的威望，一批国内顶级的农学专家欣然冒着炮火来任教，使中山大学农学院一时才俊云集。抗战胜利后，丁颖结束辗转的岁月，随中山大学农学院迁回广州东郊。1950年，丁颖当选广州市和广东省人民代表、农民代表和第一届全国人大代表。1952年，中山大学农学院、岭南大学农学院、广西大学农学院合并成立华南农学院，丁颖担任首任院长。振兴中华农业，培育农业专门人才是丁颖毕生执着的追求。"学农、爱农、务农"也成为丁颖经常劝勉师生的名言。

1956年，丁颖以68岁高龄加入中国共产党，他在入党志愿书中写道："我选定了农业科学和教育工作为一生的努力方向。我从工作实际和理论学习中对共产主义和对党的伟大革命事业有了较为明确的了解……希望今后能够在党的组织领导和直接教育下，来为党、为人民、为祖国社会主义伟大事业贡献出最大而最有效的力量。"

丁颖（右1）与技术人员一起劳动

农科初建　倾力奉献

1957年，丁颖担任中国农业科学院首任院长，为中国农业科学院的建立和发展作出了突出贡献。成立大会前的预备会上，丁颖作了《关于我国农业科学研究工作的状况和今后任务》的报告，指出："中国农业科学院的成立是我国农业科学事业发展中的一件大事，标志着我国农业科学事业新的开始。中国农业科学院是我国农业科学技术的领导中心。其基本任务是，根据国家农业生产的计划、农业生产实践中的客观需要和世界农业科学的发展趋势，组织领导全国农业科学家进行有关农业生产技术和农业科学理论的研究，以新的科学研究成果，保证我国社会主义农业生产和农业科学的不断提高和发展。"并提出："从提高农作物单位面积产量、发展畜牧业及养蚕业、开垦荒地扩大耕地面积、农业机械化、农业经济区划和农业企业经营管理几个主要方面，积极开展开创性的研究活动。"

建院初期，丁颖先生以他杰出的学术声望，凝聚了国内一批优秀的农业科学家到中国农业科学院工作，并根据新中国农业科技发展的需求，初步建立了中国农业科学院相对完善的学科体系。他重视科研与生产结合，主持开展"中国水稻品种对光照和温度反应特性的研究"，组织全国12个科研单位在8省10个试验点对161个代表品种进行试验。他深入南方水稻主产区和东北、华北、西北地区考察研究水稻生产，足迹遍布全国农区。他重视国际合作，多次前往苏联、东欧一些国家访问，进行学术交流，开创了中国农业科学院农业科技国际合作的先河，并荣获苏联列宁农业科学院通讯院士、民主德国农业科学院通讯院士、捷克斯洛伐克农业科学院荣誉院士等荣誉。

丁颖是最守时的人。他担任中国农业科学院院长的同时，仍兼任华南农学院院长，家属留住广州。他按照自己的工作计划，终年在广州和北京之间来回奔波。后来，在周恩来总理的一再过问和催促下，他才把家搬到北京。

他家离办公室较远，中午就在中国农业科学院的招待所休息。午休，不外乎只有个把钟头，他每天都重复着一个习惯性的动作：掏出旧怀表，看看上面指针的时刻，轻轻放到床边伸手可及的桌上，然后才躺下。时不时取过旧怀表看时间，离上班时间还有约10个小格时，便立刻起身，向办公室走去。他的这种准确的时间观念，令人钦佩。

在学风作风上，丁颖始终坚持发表文章必须对科学和生产负责，他写文章时总是坚持自己校对，并说"校对看来是琐碎的事务性工作，但这里头大有学问。自己校对，既可以发现打字员是否有差错，更重要的还要注意自己有没有差错，这是一次很好的修正机会，如果轻易放过，万一酿成错误，那就功亏一篑啊"！

以诚相待，敦厚淳朴，平等待人，从不摆架子，这些都是中国农业科学院干部职工关于丁颖最常见的评价。对于来访的客人，不分职位高低，他都起立迎送；和农民一起下地插秧时，他常笑称"赤脚万岁"。他学问高但架子低，喜欢别人称他"丁师傅"，路上遇到学生主动鞠躬，培育出黄耀祥院士、卢永根院士、吴灼年教授等一大批优秀的农业科技工作者。

丁颖担任中国农业科学院院长期间工作照

第二章　负重前行的农科奠基人

鞠躬尽瘁　山高水长

担任中国农业科学院院长期间，丁颖每年都要安排大量时间前往全国各地实地考察。1960年，丁颖赴云南考察期间途遇山道狭窄，小车无法通过，只能徒步前行。大家都劝丁颖别去了，但他坚持走了一天，终于到达村寨。他笑着说："与

晚年伏案工作的丁颖

人家约定的事，不能随便改变，这是做人起码的道德。"这一年，他已72岁高龄。丁颖如同他自己一手培育的稻种一样，耐寒、抗旱、坚韧、高产。像所有米粒饱满的稻穗一样，他的腰杆很硬，头却埋得很低、很低。

丁颖有一句名言："真诚的科学工作者，就是真诚的劳动者。"年过七旬之后，丁颖的健康状况急转直下，但每天仍然坚持工作12个小时。1963年，他跑遍了山西、陕西、宁夏和新疆的生产一线。每到一地，照旧勤问、细看、多记，经常用右手按压胀痛的肝部，步履蹒跚地在田埂上来回走动。开座谈会时，他一手按着腹部，一手忙着记录，还得咬着牙关耐心地为人们释难解疑。在考察西北稻区时，仍不顾年迈体衰，坚持赤足下田，体察雪水灌溉对稻根生育的影响。

1964年，丁颖在考察途中出现危急症状，于9月29日被送回北京，后被诊断为肝癌晚期。在临终前5天，他真诚而又遗憾地说："我还缺乏马列主义、缺乏毛泽东思想的学习，我出院后，要狠狠地补这一课。"在生命弥留之际，他说"我这辈子都没有懒过"。

1964年10月18日，在庄严肃穆的中国农业科学院礼堂，1000多名教育、

科学工作者隆重举行丁颖同志公祭仪式。公祭由时任国务院副总理陆定一主祭，聂荣臻、郭沫若等领导人陪祭，周恩来总理等国家领导同志送了花圈。在广东省科学馆，也同时召开了隆重的追悼大会。国内外许多农业科研机构和科学家，发来了一封封的唁电、唁函，献上了一帧帧挽联。在周恩来总理亲自签阅的悼词中，称赞丁颖是"中国人民优秀的农业科学家"。

丁颖公祭仪式现场

丁颖去世后，为继承和发展丁颖的学术成就，后世开展许多纪念活动。1988年丁颖诞辰100周年之时，中国农业科学院、华南农业大学等分别举行了纪念大会和丁颖学术讨论会，钱学森等著名科学家在北京参加纪念会。

2021年，中国共产党成立100周年之际，中国农业科学院举办丁颖铜像揭幕仪式。丁颖一生从事农业科研工作40余年，他"笃学明德，躬行践履，建业自强，求精图新"的宝贵精神像一座灯塔，始终指引和激励着一代代农科人传承光荣传统、忠诚履职尽责，为建设农业强国砥砺奋进。

第二章　负重前行的农科奠基人

1988年召开的丁颖诞辰100周年纪念大会

20世纪80年代出版的丁颖传记

1990年发行的丁颖纪念邮票

高州丁颖荔枝公园矗立的丁颖塑像

中国农业科学院展厅的丁颖铜像

为延安送种子的小麦专家
——记中国农业科学院第二任院长金善宝

1957年3月,时任南京市副市长的金善宝收到一份来自周恩来总理的任命书,前往北京担任新成立的中国农业科学院副院长。作为全国著名的小麦专家和农业教育家,金善宝在中国农业科学院工作40年之久,1965年,继丁颖之后,他接任中国农业科学院院长,1982年退居二线担任名誉院长。

立志务农　献身小麦

浙江省诸暨市位于杭嘉湖平原南端的会稽山区,群山环抱,雨量充沛,是一个"七山一水二分田"的鱼米之乡,也是金善宝的故乡。在枫桥镇石峡口村,坐落着一座金善宝院士纪念馆,纪念馆由乡贤集资,由金善宝早年捐建的梓山小学改建而成。这座江南小院曾是山村的第一所小学,一批批农家娃从这里走出大山。如今,这里丰富的馆藏吸引着八方来客,正厅高大的铜

金善宝院士纪念馆

第二章 负重前行的农科奠基人

像和"东方神农"的牌匾昭示着金善宝作为近代小麦科学奠基人的巨大贡献，一张张黑白的老照片将观众的思绪带回一百多年前风雨飘摇的旧中国。

1895年7月2日，金善宝出生在石峡口村的一个普通农家。金善宝自幼聪慧，6岁时进入父亲教书的私塾，在严厉的管教下熟读四书五经。1908年，金善宝的父亲临终前给儿子留下两句话："做人最重要的，一是要有气节，二是要有本事。"这两句话被金善宝奉为终身的座右铭。

1913年，金善宝考入位于绍兴的浙江省立第五中学，他与同学一起聆听了蔡元培的演讲《中学生之责任》，心中激起科学救国、教育救国的强烈愿望。1917年，金善宝以优异的成绩完成中学学业，他在报纸上看到南京高等师范学校的招生简章，这所著名学府首次创设农科专修科，金善宝毫不犹豫地前往南京投考，并以优异的成绩顺利被录取。入校后，金善宝如饥似渴地学习知识，也奠定了献身农业科研的志向。

1919年，南京学生积极响应五四运动，金善宝随同学们参加了罢课游行，之后就到了毕业抉择的时刻。不久，上海"面粉大王"荣宗敬每年出资5000元资助学校在南京市皇城筹建小麦试验场，金善宝被举荐担任技术员，从此正式开启小麦科研之路。1921年，南京高师更名为东南大学，农业专修科升级为本科，金善宝负责的农场由106亩扩大到1800亩。

1917年金善宝与母亲何金莲

1920年金善宝在东南大学农业试验场工作

赤子之心　报效中华

1927年，金善宝由国立中央大学调任杭州劳农学院（后改为浙江农业大学，现已并入浙江大学）任教。此时，他已从全国790个县搜集到900多个小麦品种，撰写了《中国小麦分类之初步》，选育并推广多个优良小麦品种。他运用丰富的实践经验，讲授"实用麦作学"课程，编撰为20万字的《实用小麦论》，成为我国第一本小麦科学专著，被全国各大专院校用作教材或重点参考书目。

1930年，浙江省教育厅在全省范围内招考留美学生。金善宝顺利考取留学资格，他辞别妻儿一家，在上海踏上前往康奈尔大学的旅途。在康奈尔大学农学院，金善宝除主修作物学、育种学等传统学科外，还学习了遗传学、生物统计学等前沿知识。不久后，金善宝在东南大学的老同学冯泽芳也来到康奈尔大学深造，两人专心致志学习，勤勤恳恳工作。对于美国的学习收获，金善宝是这样回忆的："美国的经济充裕、设备完美、人才众多，美国人研究科学

第二章 负重前行的农科奠基人

之精神非常勤恳,他们不但能耐劳而且有恒心,凡研究一个问题,短则几年,长则十几年,虽然遇到种种困难,必至解决而后已。"

1933年1月,金善宝毅然踏上归途,返回祖国怀抱。回国后,金善宝先后在浙江大学农学院和南京中央大学农学院任副教授、教授,一边从事教学,一边从事小麦育种研究工作。1934年,金善宝从国民政府救灾所用的进口小麦中挑选了一批良种,希望从中选育出适合本土栽培的品种。不料,几个月的辛劳换来的却是一场严重的黑穗病。金善宝痛切地意识到依靠外援贷款不能解决中国的贫穷落后问题,要振兴祖国农业、发展我国的小麦育种事业,必须靠我们自己努力奋斗,培

1930年金善宝在康奈尔大学研究生院前留影

育自己的小麦新品种。此后,金善宝从世界各地的3000多份小麦材料中选育出适合我国生长的"矮粒多"和"中大2419"(后更名为"南大2419")两个优良品种,在南方推广面积达7000万亩,品种寿命长达40年。

1935年金善宝(中排左2)参加中华作物改良学会第二届年会

救亡图存　心向延安

1937年抗战全面爆发，金善宝随校西迁到重庆。国立中央大学的教学设备和图书资料在西迁中损失大半，但金善宝等没有气馁，没有教科书，就自己编讲义，没有仪器设备，就到试验田去。金善宝积极向中国共产党靠拢，为爱国进步学生提供掩护。

1938年10月，武汉沦陷前，周恩来率中共中央南方局撤往重庆。此后，《新华日报》总馆也迁至重庆，金善宝和一些进步教授经常一起去听新华日报社组织的时事报告，有时直接聆听周恩来的演讲或参加座谈。在周恩来、报社社长潘梓年的指导下，金善宝等一群爱国学者成立"自然科学座谈会"，部分成员担负起编辑《新华日报》的自然科学副刊的任务。

1940年，金善宝的妻子孩子从浙江辗转抵达重庆。抗战期间，国立中央大学待遇一落千丈，入不敷出时一家人用酱油泡饭吃。但金善宝对抗战事业却十分慷慨，为战士捐献寒衣款时，别人捐5元，他通过《新华日报》为八路军慷慨捐赠200元，他说："我的心在延安，在八路军将士身上。"

1938年金善宝（右2）等在重庆合影

第二章 负重前行的农科奠基人

他曾两次到八路军驻重庆办事处要求去延安，林伯渠同志为他做好了一切安排，只因突发意外未能成行。1942年，当金善宝得知延安开展大生产运动时，他把自己多年来选育的小麦优良品种，分别用纸袋一袋袋包好，并附上详细的品种说明，到新华日报社托人转送延安。半个多月后，邓颖超在一次茶话会上告诉他："延安已经收到了您送的小麦种子，同志们都很感谢您。"

"一个革命者，无论在哪里，都可以为革命工作，不一定要到延安去。"带着共产党人的深切勉励，金善宝在重庆忘我地开展工作。抗战时期，金善宝承担很多教学、科研任务，惜时如金的他总是先让妻儿去防空洞，自己利用这两三个小时继续工作，等紧急警报响后再去防空洞。有一次警报响起后，金善宝照例伏案工作，他的妻子听说这次要轰炸国立中央大学，先后派大女儿和二女儿下山叫他，一心工作的他均没有理会。忽然，刺耳的紧急警报骤然拉响，敌机盘旋着投下30多枚炸弹，巨大的爆炸瞬间掀翻家里的屋顶，三人赶忙藏到桌下躲避飞来的弹片。死里逃生的金善宝心里清楚，众多教授其实都在空袭中冒死工作。

1945年，抗战胜利的喜讯传来，金善宝与学生一起参加盛大的庆祝游行。国共谈判期间，毛泽东专门接见金善宝等8名教授，让他看到了新中国的曙光。1946年，金善宝积极参加了九三学社成立的筹备工作。此后的数十年里，金善宝作为创始人之一，先后担任九三学社中央副主席、名誉主席等职。

在重庆的9年间，金善宝不仅在战火中培养出大批优秀的农业科技人才，还完成了《中国小麦区域》《中国近三十年来小麦改进史》等重要论文，带病登上云南海拔1700米的高原，搜集15个小麦品种并命名为"云南小麦"，为中国小麦科学的发展奠定坚实基础。最为重要的是，他与周恩来等中国共产党人建立了密切的联系，成为一名农业科技战线的忘我革命者。

1946年金善宝（右1）和中央大学农艺系毕业班同学在重庆合影

喜迎新生　宏图大展

1949年7月，金善宝前往北京参加中华全国自然科学工作者代表会议筹备会议，周恩来在讲话中总结了全国革命的大好形势，号召科学家们自力更生，为发展祖国科学事业而奋斗。会后，金善宝随团赴东北解放区参观，被解放区热火朝天的干劲深深感染。1949年8月，国立中央大学更名为南京大学，金善宝出任南京大学农学院院长。1950年，金善宝先后被任命为华东军政委员会农林部副部长、南京市副市长、江苏省人民政府委员。党和人民的信赖让金善宝倍感鼓舞，肩上的担子更重，工作也更加繁忙。

1950年，长江下游洪水泛滥，华东地区、长江流域一亿亩良田受到水灾。金善宝根据华东地区历年来气候变化的规律和特点，提出"多种马铃薯、移植冬小麦渡春荒的建议"，并亲自到郊区给农民做田间示范，使这一措施迅速推广，补救了农业受灾的损失。1951年春，南方小麦正处于返青拔节期，苏北地区突然发生历史上罕见的寒潮，大面积小麦被冻坏。金善宝带领十名专业教授，迅速赶往现场，发现大部分小麦的主茎都已冻坏。金善宝继续走遍苏北、淮北10多个县，经过系统调查分析，发现多数小麦的分蘖节并没有冻死，随后向江苏省委提出适时浇水、增施肥料、加强麦田管理等一系列栽培技术措施。经过努力，当年苏北100多万亩受冻害小麦，最后仍然获得亩产200多斤的好收成。

1955年金善宝（前右1）考察小麦生产

1955年，金善宝被选聘为中国科学院学部委员（院士）。1956年，金善宝光荣地加入中国共产党，他在入党志愿书中写道："我今年虽然已经61岁，但我自己觉得解放6年来，我的身体一年比一年好，我自信我还能为党、为国家连续工作三十年。我坚决要求参加中国共产党，我愿贡献出我的全部力量，为无限美好的社会主义和共产主义而奋斗。"

1957年，他多年潜心研究的结果《中国小麦之种类及其分布》在南京农学院专刊发表，该文对全国3720份农家小麦进行了特性鉴定，并说明在全国的分布情况，对研究中国小麦的起源、进化发挥了重要作用。金善宝1942年就育成的"南大2419"和"矮立多"两个小麦

"南大2419"（左）和"矮粒多"（右）

良种在新中国成立后得以在南方冬麦区大面积推广，年推广面积在7000万亩以上，为南方小麦增产作出重要贡献。

共建农科　奋斗终生

1957年后，金善宝历任中国农业科学院副院长、院长、名誉院长等职，为新中国农业科技人才的培养作出重要贡献。任副院长后，金善宝与丁颖院长同在一间办公室，共同捍卫科学真理，反对浮夸风。他广罗人才，经常给在国外留学的学生、亲友写信，动员他们尽快回国。他在信中热情宣传新中国取得的伟大成就及欣欣向荣的景象，满怀激情地写道，"回来吧，祖国需要你们，新中国的建设需要你们，祖国人民等待你们归来！只有在祖国的怀抱，你们所学的专长才能大有作为！"鲍文奎、徐冠仁等一批远在海外的莘莘学子在他的召唤下回国，并走上重要的工作岗位。

1965年，金善宝接替丁颖担任中国农业科学院院长，在逆境中坚持开展研究。1970年，中国农业科学院和中国林科院合并为中国农林科学院[①]，

[①] 1970年8月，国务院决定撤销中国农业科学院的建制，与中国林业科学研究院合并，成立中国农林科学院。1978年3月，经中共中央、国务院批准，恢复中国农业科学院和中国林业科学研究院建制。

丁颖（左）与金善宝（右）在中国农业科学院合影

大部分科研机构和科研人员下放地方。金善宝有更多时间思考心爱的小麦事业，他把小麦当作自己的孩子，每天都要到中国农林科学院东门外的麦田里走走瞧瞧，不顾年老体弱走遍全国各地总结小麦高产经验。在调研中，他提出南繁北育、异地加代的概念，在井冈山、庐山等低温山区和广东、海南等热带地区建立繁殖基地，实现1年繁殖3代小麦，大幅提高小麦育种效率，育成的冬小麦良种"南大2419"和春小麦良种"京红号"，1978年分别获全国科学大会奖。他主持的"中国小麦的种类及其分布""中国小麦光温特性的研究"分别获1982年、1995年国家自然科学奖三等奖。金善宝还主编了多本小麦理论著作，均起到开篇启后的作用。

1977年8月，邓小平召开科学和教育工作座谈会，金善宝作为农业科技界的代表参加会议。金善宝汇报了"文革"期间中国农业科学院的遭遇，提出恢复和加强中国农业科学院的建议。1978年3月，在召开的全国科学大会上，金善宝提出迅速发展农业科学技术的六项建议，并提出："在实现四个现代化的长征路上，我要把82岁当作28岁来过，把自己的余年献给我国的小麦育种事业。"会后，中国农林两大科学院各自恢复原建制。12月召开的十一届三中全会后，中国农业科学院完全恢复原有建制。面对一贫如洗的中国农业科学院，金善宝四处奔走协调，下放的研究所收了回来，曾经的科研人员找了回来，崭新的科研楼建了起来，先进的仪器设备买了回来，中国农业科学院重新成为欣欣向荣的农业科研国家队。

金善宝在中国农业科学院伏案工作

金善宝一生甘为人梯，培养了大批优秀农业科技人才，他的学生们或在我国农业科学和教育事业中承担重要任务，或在农业管理部门担任领导职务，其中获得研究员、教授职称者不胜枚举，还有的已当选为院士。1978年全国科学大会以后，金善宝经常收到一些青年来信，询问老一代农学家的经历和成就等，有些刊物也常送来一些农学家"小传"的文稿请他审阅。他认为，趁着一些老科学家还健在，应该"抢救"这类资料。1982年，87岁的金善宝卸任院长职务，开始专心编写《中国现代农学家传》，耄耋之年的他为此倾注了大量心血，较系统、完整地介绍了百余名农学家的生平和贡献，为继承和发展老一辈科学家的科学精神和研究方法发挥了重要作用。

1997年6月，金善宝与世长辞，享年102岁。7月9日，中国农业科学院在八宝山举行了隆重的追悼会，中央统战部、九三学社中央、中国科协、国家科委、中国科学院等300多个单位送来花圈，时任中央书记处书记胡锦涛，时任全国人大常委会副委员长、九三学社名誉主席吴阶平等100多人

1993年金善宝在中国农业科学院东门外麦田查看小麦新品种

参加送别仪式，社会各界人士纷纷撰文表达对金善宝的追思。21世纪以来，金善宝的人物传记、画册、文集等相继出版。南京农业大学先后设立金善宝奖学金、金善宝实验班，揭幕金善宝铜像和油画像等。2009年，金善宝被追授新中国成立60周年"三农"模范人物荣誉称号。2016年，金善宝入选纪念邮票《中国现代科学家（七）》。

2021年，中国共产党成立100周年之际，中国农业科学院举行金善宝铜像揭幕仪式，并缅怀其丰功伟绩。"育种为民食，科研百岁春"正是对金善宝一生的最好写照。

2016年发行的金善宝纪念邮票　　　　中国农业科学院的金善宝铜像

爱棉如子的棉花专家
——记中国农业科学院棉花研究所首任所长冯泽芳

棉花是中国近代最主要的经济作物之一,作为中国现代棉作科学的主要奠基人,冯泽芳一生致力于棉花科研、技术推广与农业教育工作,对改良棉花品种、增加棉花产量和改善棉花品质作出了重要贡献,他奠定的棉花区域试验方法和棉区划分理论,至今仍指导着棉花科研和生产。中国农业科学院在建院之初就设立棉花研究所,1957年8月,冯泽芳被任命为棉花所首任所长。

年少有为　奋发成才

1899年2月20日,冯泽芳出生于浙江省义乌市赤岸村一个亦商亦农的草药世家。1916年从浙江省立第七中学毕业,因家境困难,回到义乌觅得

坐落于义乌市赤岸镇的冯泽芳院士纪念馆

小学教师一职。1918年冬天，冯泽芳得知南京高等师范学校来杭州招生，其农业专修科免收学费和膳食费，他便穿着草鞋，冒雪步行200多里（1里=500米）前往杭州参加考试，并顺利录取。

在校3年期间，冯泽芳一边学习农学理论，一边开展实验实习。五四运动中，他积极参加游行演讲等活动，激发了科学救国的强烈愿望。1921年冯泽芳毕业时，适逢南京高等师范学校改组为东南大学，须补读学分方可获得本科文凭。他因经济拮据，采用半工半读的方式，直到1925年夏才拿到本科文凭。四年间，他先后担任东南大学助教、研究助理，江苏省立第三农校和第一农校教员，以惊人的毅力实现教书、上课、科研的大量工作，发表7篇

青年时期的冯泽芳

论文和1篇译文，其中，《中棉之形态及分类》和《中棉之孟德尔性初次报告》是国内最早整理研究本土棉花品种的著作，作为一名初出茅庐的大学生，冯泽芳在棉花领域初试一鸣惊人。

本科毕业后，他开展棉花改良研究和盐垦植棉研究，发表《中棉纯系育种方法之研究》。1930年秋，冯泽芳考取康奈尔大学作物育种学系研究生，专攻棉花遗传育种。他的博士论文《亚洲棉与美洲棉杂种之遗传学与细胞学的研究》在美国《植物学报》发表，从遗传学的角度分析了棉花种间不易交配性和杂种一代不育性的原因，被国际植物学界广泛引用。他与金善宝等学子怀着科技报国的共同理想，把工作作为人生最大的快乐，于1932年在康奈尔大学发起成立中华作物改良学会，为报效祖国积蓄力量。

第二章 负重前行的农科奠基人

1932年冯泽芳（右3）和金善宝（左3）等中华作物改良学会发起人合影

投身棉业　繁育良种

1933年秋，冯泽芳胸怀满腔报国之志回到南京，也从实验室走向辽阔的棉区大地。在开展一项庞大的棉花区域试验中，冯泽芳深入湖北、湖南、浙江等辽阔棉区考察，了解区试结果，掌握棉业实际情况。1934年，冯泽芳担任新成立的中央棉产改进所副所长兼中央农业试验所技正，接替主持全国棉花品种区试。冯泽芳对试验方法加以改进，到各省考察总结，发表《适于中国栽培的美棉新品种》等论文，从18个品种中，筛选出"斯字棉4号"与"德字棉531"两个优良品种并大力繁殖推广。经过4年的努力，

1934年冯泽芳在中央农业实验所研究室工作

"斯字棉4号"增产10.6%～66.7%,"德字棉531"增产14.8%。此后,这两个品种深受全国棉农和纱厂的喜爱,在河南、陕西、四川等地大面积种植,不仅在战时有力支持了后方的纺织工业,也成为战后国产原棉的优秀品种。

1937年,抗日战争全面爆发后,冯泽芳与夫人带着两个年幼的子女加入西迁的人群。1938年,中央棉产改进所并入中央农业实验所,冯泽芳任中央农业实验所技正、棉作系主任。为促进后方农业生产,中央农业实验所在西南五省设立工作站,冯泽芳申请担任云南工作站主任,并深入研究当地一种优质的长绒棉。冯泽芳发现,这种离核木棉十分高产,每年开花吐絮两次,亩产可达118斤,非常适合在山坡和屋脚栽种,不与水稻、甘蔗争地争水。而最重要的是,这种木棉能够很好地缓解我国长绒棉依赖进口的困境。

冯泽芳(左1)在云南婆兮棉场

为大力推广木棉,他把家安在南部边陲开远县(今云南省开远市),撰写多篇关于木棉的文章,设立木棉试验场,下乡趁赶集时宣传木棉的好处,传授技术、赠送种子,甚至自掏腰包收购农民的木棉。之后,冯泽芳推动云南全省的木棉推广,并启动在陕西推广斯字棉的工作。经过4年的努力,木棉在云南的种植面积达7万多亩,木棉的年产值比国民政府全年的农林支出还多出三分之一,冯泽芳也深受云南棉农爱戴。他在信中写道:"斯字棉、

第二章 负重前行的农科奠基人

德字棉和木棉是我的三个孩子，木棉是我新生的小女孩子，我爱木棉同爱我的小女儿一样。"

1942年8月，冯泽芳调任国立中央大学农艺系教授兼农学院院长。对于渴望农业救国的学子们，冯泽芳告诫大家，农业是深受地域限制，亦即"地方色彩非常浓厚"的一门学科，以此显著地不同于数理等放之四海皆准的自然科学和理论科学，不仅外国的东西不能照搬，就是国内某地的经验，也不能简单照搬。他以渊博的学识和生动的语言介绍全国不同地区农业特点，"淮北是平原，拉大车，吃小麦，养黄牛；淮南为丘陵，推独轮车或肩挑，吃大米，养水牛……"

冯泽芳的"小女儿"木棉

他经常为大学生作演讲，《大学农科生治学之精神和方法》中指出，农科生要有自动的精神、实验的精神和创造的精神，应有的治学方法是读书、实验、实习和研究。他在《如何做研究生》演讲中，强调研究生具备的精神有两条：一是独立精神，要不依赖老师，独

冯泽芳一家在重庆沙坪坝度过了4年难忘的时光

立研究；二是创造精神，不只是因袭，要能有创见。新中国成立后，冯泽芳先后在南京大学、南京农学院任教直至中国农业科学院成立。

勇挑重任　泽惠"三农"

1949年7月，冯泽芳收到来自北京的邀请，与其他205位专家共同参加了著名的中华全国第一次自然科学工作者代表大会筹备会（科代筹），现场聆听了周恩来总理的报告，进一步体会到党对科技工作的重视，对知识分子的关怀，决心以更加饱满的热情投入新中国的棉花事业。此后，他马不停蹄地奔走于全国各地的植棉区，积极参加与棉花相关的各类国际国内活动，以实际行动报答党和人民的信任。1955年，冯泽芳在北京出席中国科学院学部成立大会，当选为生物学地学部学部委员，他的爱国热诚和学术成就得到党和政府的高度评价。

1956年4月，冯泽芳在北京参加全国《1956—1967年科学技术发展远景

冯泽芳（第2排左6）参加全国长期科学规划工作

规划》（简称十二年科技规划）的制定工作，与其他专家一起受到党和国家领导人的接见。在这次会议上，冯泽芳积极建议成立全国棉花研究所，并参与筹建工作。

1957年是中国农业科学院成立之年，也是冯泽芳非常繁忙的一年。2月、3月，冯泽芳先后在北京参加全国棉花工作会议和中国农业科学院成立大会。6月，中国农业科学院院长会议决定筹建棉花研究所，冯泽芳担任筹备组召集人。在讨论研究所选址时，他主张建在棉花的主产区，并开始在全国各地选址。对中国棉区划分的研究是冯泽芳对我国棉花事业的重大贡献之一，早在1940年发表的《我国棉工业区的合理分布》一文中就预言黄淮海平原将成为我国棉花的重要产区。经过反复对比，冯泽芳主张将研究所建在河南安阳原有4800亩棉花的安阳棉场。8月，国务院科学规划委员会正式批准成立棉花研究所，以原华北农业科学研究所棉作室为基础，冯泽芳任所长，职工共30人。冯泽芳马不停蹄地筹备搬迁建所工作，1958年3月，棉花研究所由北京迁往安阳，与安阳专署棉场合并。他怀着极大的热情，放弃大城市的优越环境，在基本建设尚未完工的情况下就在棉田边开启试验工作。棉花研究所成立了四年制棉花专业的高等农业院校——河南安阳棉花学院，冯泽芳兼任院长，在

冯泽芳（前排右2）与棉花学院师生合影

60岁再登讲台，为农民子弟们上课，要求大家一定要做到"听得懂、记得牢、做得来"。

冯泽芳一生重视教育与科技的融合，视学生如子弟，每学期都带领学生到农场实习，手把手地示范。对新认识的学生，他马上就能记下姓名，再次见面即能直呼其名，使人倍感亲切。他常说："我一生最爱的，一是棉花，二是青年。"他

冯泽芳指导学生们拌种

以极端负责、一丝不苟的治学态度和以身作则、循循善诱的治学方法培养了一大批优秀的农业科技人才。

1959年9月，冯泽芳在安阳不幸辞世，年仅60岁，溘然离开了为之奋斗一生的棉花事业。

1980年1月9日，中国农业科学院在北京八宝山革命公墓礼堂补开了冯泽芳追悼会，为冯泽芳平反昭雪并深切哀悼，全国几百家机构参加了吊唁活动。金善宝院长致悼词时讲道："冯泽芳的一生，是为祖国棉花事业奋斗的一生，他为祖国棉花事业创造的光辉业绩，将为

冯泽芳在棉田考察

后人永远铭记。"

1984年12月，中国农业科学院学术委员会给冯泽芳颁发了表彰状，内容是"冯泽芳同志在担任中国农业科学院第一届学术委员会委员期间对本会工作作出贡献特给予表彰"。此后，中国农业科技界开展了一系列纪念活动，棉花研究所成立40周年之际，中国棉花学会捐资铸造了冯泽芳铜像。棉花研究所建所50周年之际，《冯泽芳先生图存》由中国农业科学技术出版社出版。2009年，冯泽芳诞辰110周年之际，棉花研究所启动《冯泽芳》传记撰写工作，并于2016年由中国农业科学技术出版社出版。2019年，冯泽芳纪念馆在义乌落成。

作为中国棉花科技事业的奠基人之一，冯泽芳毕生致力于棉花科学研究、技术推广与教育工作，对中国近代棉花品种改良、棉花产量增加和棉花品质改善作出了重要贡献，他奠定的棉花区域试验方法和棉区划分理论，至今仍指导着棉花科研和生产。他留给世人最宝贵的则是一生实事求是，一心只为中国棉的宝贵精神。在冯泽芳的带领和感召下，棉花研究所人通过数十年的苦干实干，积淀形成了"艰苦奋斗、甘于奉献、勤于实践、勇于创新"的中棉所精神。

棉花研究所中的冯泽芳铜像

扎根西北的兽医专家
——记中国农业科学院中兽医研究所创始人之一盛彤笙

作为中国现代畜牧兽医学科的主要奠基人之一,盛彤笙一生致力于让人民多吃肉多喝奶,把论文写在西北牧野,是西北地区第一个学部委员,曾在习仲勋领导下在西北军政委员会担任畜牧部副部长,是中兽医研究所(中国农业科学院兰州畜牧与兽药研究所前身)和兰州兽医研究所的主要创建者。1957年3月,盛彤笙担任中国农业科学院学术委员会副主任委员兼兽医学组组长。

寒门俊才 学医济世

盛彤笙祖籍江西省永新县上盛村,1911年6月4日出生于长沙,家中兄弟子侄很多,一家人仅靠当中学老师的父亲之微薄工资度日,生活极为清苦。1922年,盛彤笙小学毕业考入雅礼中学,除国文外其他课程均使用英文教材,为他打下了较为坚实的外语功底和文化功底。1926年,国民革命军北伐攻克长沙,富有正义感的盛彤笙作为学生会干部,组织发起学生运动。之后被迫转入江西省立第二中学学习。

1928年秋,盛彤笙以优异的成绩考入位于南京的国立中央大学理学院动物学系,除本系课程外,他还广泛涉猎化学、物理、哲学、经济等课程,南京大学档案馆至今保存着盛彤笙1931年的成绩单。在求知欲最旺盛的年纪,盛彤笙

盛彤笙(后排居中)与家人合影

第二章 负重前行的农科奠基人

仅用3年就修完了4年的学分，于1932年转入位于上海的国立中央大学医学院，盛彤笙每天学习11个小时，经常在深夜里一边啃面包一边练习解剖，打下了坚实的医学基础。

1934年夏，盛彤笙遇到一个十分难得的留学机会，故乡江西省招考公费留学生。盛彤笙经再三考虑，赶回南昌应试，考取了赴德国学习兽医的名额。同年9月，盛彤笙中断了在上海的学业，踏上留洋的轮船。德国的大学均为国立，学制完全相同，鼓励学生转学、借读和选课，以便开阔视野。这样的教育制度和学术氛围，给了基础扎实、才华过人的盛彤笙更加自由的发展空间。他在慕尼黑学习一个学期后，在柏林大学的医学院和兽医学院同时选读课程。1936年，他撰写的论文顺利通过答辩，获得柏林大学医学博士学位。盛彤笙认为，我国人民的体魄孱弱是由于食用动物性食物不足所致，而畜牧兽医科学是解决这一问题的切入点，所以，他转学到汉诺威兽医学院，仅用2年时间完成了兽医方面的课程和博士论文，于1938年获得兽医学博士学位。

以他的才学，完全可以在任何一个欧洲国家找到一份条件优越、待遇优厚的工作。但4年间，他目睹了祖国与欧洲列强在科学技术和人民体质上的差距，特别是"东亚病夫"这四个字深深刺痛着他的心。他坚决主张团结抗日，在柏林加入党的外围组织反帝大同盟，参加各种秘密会议，多次将结余的留学公费捐赠给巴黎的共产党，用于出版《救国时报》。1938年8月，27岁的盛彤笙在瑞士参加世界兽医会议，在闭幕式上发表演讲，谴责日本帝国主义

在德国留学时期的盛彤笙

者的侵略和破坏，呼吁各国兽医界支援中国兽医事业，得到与会者的热烈掌声和捐款。

潜心学业　挽救危亡

1938年秋，抗日战争的烽火已经燃遍全国，盛彤笙深感畜牧业对民族振兴的重要性，怀着一片赤诚的爱国之心和报国之志，义无反顾地回到了祖国。先后在江西省立兽医专科学校、西北农学院（西北农林科技大学前身）任教。

1941年春，盛彤笙前往成都入职母校国立中央大学畜牧兽医系。国立中央大学西迁后，其本部设在重庆，医学院和农学院畜牧兽医系迁至成都浆洗街，与华西坝的齐鲁大学、金陵大学、华西大学医学院和协和医学院形成医学教育中心，学术氛围浓厚。盛彤笙讲授微生物学和家畜病理学两门课程，由于抗战时期的后方教材匮乏，盛彤笙一人蹲在暗室，从德国留学带回的显微胶卷中译出《兽医细菌学》，他编写的中国第一部《兽医细菌学实习指导》和《家畜尸体解剖技术》，使后方学生学习微生物时有书可读，实习时有法可循。1942年，中国畜牧兽医学会恢复活动后，盛彤笙负责主编《畜牧兽医月刊》《中国畜牧兽医学会会讯》，带领助手完成审稿、编辑、校对、订阅、寄发等全部工作，稿件不足时就自行撰稿或翻译，为学界提供学习交流的园地。

在成都的5年间，盛彤笙潜心钻研，取得多项创造性成果。当时在成都地区，水牛中流行一种不能站立、四肢麻痹、腿部皮肤温度较其他部位低的疾病，农民称之为"四脚寒"。此病已流行几十年，一旦染病，必死无疑，给养牛农户造成很大损失。在设备缺乏、毫无经费的困难条件下，盛彤笙没有抱怨气馁，他通过实地调查和病例分析，结合大量国内外资料，经过反复研究实验，在世界上首次证明"四脚寒"是一种病毒引起的传染性脑脊髓炎。1946年,他撰写的论文《水牛脑脊髓炎之研究》在国际顶尖杂志《科学》(Science)上发表,受到世界兽医学界和微生物学界的广泛关注。他还在国际上首次将氨苯磺胺类药物用于高发传染病马鼻疽的治疗,大大降低了死亡率。

20世纪20年代末,国立中央大学的进步学子发起成立了旨在普及科学知识,实行科学救国的"中华自然科学社",盛彤笙早年即加入社团,此后每到一地就发起成立分社。在成都期间,盛彤笙担任《中华自然科学社社闻》的主编,每期篇首必有一篇三四百字的社论,多由盛彤笙执笔,他在文中呼吁团结抗日,反对分裂和内战;呼唤民主,抵制独裁;主张科学应为广大民众谋福利,反对由少数人垄断等,每期都寄给延安自然科学院,在科学界产生一定影响。

盛彤笙(前排左3)等国立中央大学畜牧兽医系师生在成都合影

远赴西北　艰苦创业

20世纪40年代抗战胜利后，西南大后方的知识分子纷纷东下，时称"孔雀东南飞"，而盛彤笙却逆向西行，为改变国民食物结构从繁华的南京到西北边陲兰州，一干就是33年。1946年夏，盛彤笙刚随国立中央大学从成都迁回南京，就获教育部委任，前往兰州筹建国立兽医学院，并担任院长。盛彤笙深知，只有毗邻牧区，兽医科学才有用武之地，他也早就希望筹办一个独立的畜牧兽医机构，因此欣然赶赴兰州，开启新的创业之路。

此后，盛彤笙频繁往返于南京与兰州之间，克服种种困难，在延揽师资、招收学生、设置课程、筹措经费、修建校舍、购置仪器、厘定章则等大小事务中投入诸多心血。1947年4月，国立兽医学院正式从兰州大学独立出来，盛彤笙履新院长之职。尽管条件十分艰苦，但师生们毫无怨言，在短短3年里，国立兽医学院就成为拥有十几位留洋博士，仪器设备初具规模，教学科研水平亚洲领先的兽医专业高等学府。

盛彤笙（中）与同事在国立兽医学院合影

1949年8月，兰州战役在即，盛彤笙等教师拒绝随国民党前往广州，千方百计保护师生安全和学校资产。兰州解放的第二天，盛彤笙就带领师生为解放军救治伤病骡马，为革命事业作出自己的贡献。8月30日，第一野战军举行盛大的入城式，盛彤笙与上万市民夹道欢迎，高呼共产党万岁。

1949年10月1日既是中华人民共和国成立之日，也是兽医学院成立三

第二章 负重前行的农科奠基人

周年的纪念日,学院邀请农牧民参观学术展览并做各种手术表演,举办各类文艺表演和体育比赛。盛彤笙在集会上发表演讲《新时代中应有的新努力》,充满激情地指出:"必须将畜牧兽医的科学知识普及到每一个农村和牧野,针对农村牧野的实际需要,随时进行各种研究工作……要使每个同胞都能享受畜牧业之惠,有乳卵肉食的营养,毛呢皮革的衣着。"

1949年冬,甘肃河西暴发牛瘟,疫情蔓延迅速,河西百万牛群危在旦夕。盛彤笙当即决定学校停课,派出70余名师生组成牛瘟防治工作团,在没有任何交通工具的情况下,抬着器械奔赴疫区。16个小组在冰天雪地中每天步行几十里山路,白天实施预防注射,晚上自制弱毒疫苗,很多时候只能吃干馍就酱菜,连食盐都找不到。历经3个月的奋战,工作团完成了9万多头牛的疫苗注射,有效控制了牛瘟传播。

此后,兽医学院在盛彤笙的领导下取得长足的发展,学院更名为西北畜牧兽医学院,校园条件不断改善,并建成家畜病院。1953年,盛彤笙设计的家畜病院正式对外开业,病院拥有齐全的诊疗和化验设施,在内外科和产科方面做出显著成绩,被《人民画报》等媒体广泛报道。

新中国成立之后,党和政府极为看重盛彤笙的才学和他一手创办的学校。1950年4

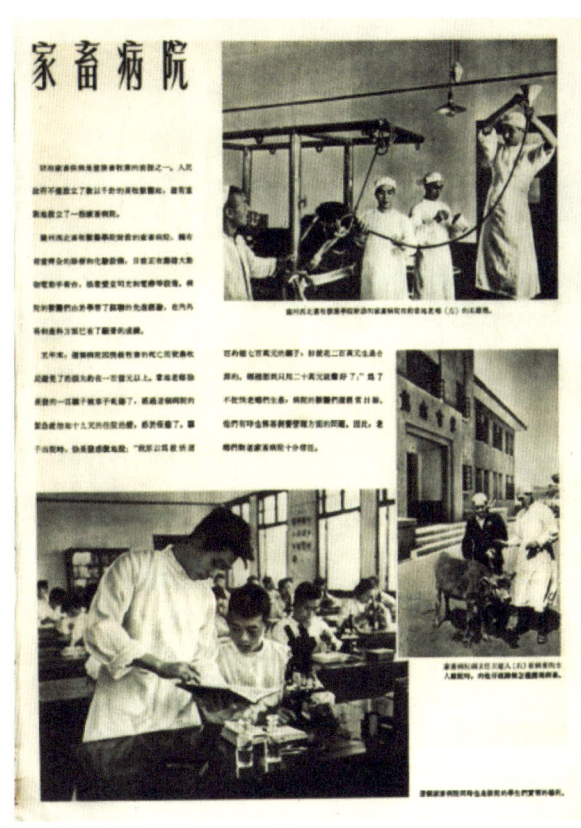

《人民画报》关于西北畜牧兽医学院家畜病院的报道

月，盛彤笙收到毛泽东主席签署的任命书，担任西北军政委员会畜牧部副部长、西北财经委员会委员，兼任兽医学院院长。此后，他肩负振兴大西北畜牧业的重任，奔波于西安和兰州两地。他常驻西安，开展了招揽人才、建设机构、基层考察等一系列开创性工作，得到习仲勋等大区领导的肯定。习仲勋视盛彤笙为"大学问家"，经常找他研究畜牧业工作，曾专程到兽医学院视察，称赞学院是"大西北的瑰宝"。

盛彤笙任西北局畜牧部副部长时的工作照

1954年7月，西北大区撤销后，盛彤笙调任中国科学院西北分院筹备委员会第一副主任委员，负责在兰州成立五个研究单位和图书馆，他以极大的热情投入工作，甚至在家门口贴上"草创时期24小时办公"的字条。1955年，盛彤笙当选为中国科学院生物学与地学部首批学部委员，他既是畜牧兽医界唯一的学部委员，也是大西北唯一的学部委员。1956年，农业部在《关于筹建中国农业科学院问题的报告》中推荐盛彤笙为中国农业科学院副院长人选，面对请他回北京任职的邀约，他考虑中国科学院西北分院正处在创建的关键时刻，决心继续留在大西北，一干又是20年。

盛彤笙在新疆种羊场考察

荣辱不惊　奋其余生

　　1957年夏,盛彤笙被错划为"右派",撤销所有职务,只保留全国政协委员资格,尽管遭受了许多不公正的待遇,但盛彤笙仍然继续着科研事业,他在回忆中平淡地写道:"一切荣辱均属身外事,只有努力工作,才能对得起国家和人民,对得起知识分子的良心。"1957年10月,盛彤笙随他所创建的兽医研究室从中国科学院西北分院分出,整体移交中国农业科学院,与兰州畜牧兽医研究所筹备处合并,成立中国农业科学院西北畜牧兽医研究所。1958年7月,西北畜牧兽医所西迁至甘肃省武威市黄羊镇,盛彤笙被分配至新成立的中国农业科学院中兽医研究所微生物寄生虫研究室。1969年,中兽医研究所并入兰州兽医研究所,盛彤笙分配至情报室任研究员。1970年,研究所下放地方,更名为甘肃省兽医研究所,由小西湖迁至徐家坪。

　　中华五千年文明史,兽医亦源远流长。盛彤笙早在创建中国科学院西北分院时,就曾派员下乡总结传统中兽医经验,将"活马王"崔涤僧[①]调入西北分院,增强中兽医诊疗力量。1955年在德国召开的世界兽医会议上,盛彤笙向世界介绍中兽医的特点,并深得同行赞赏,"中国兽医之防疫,虽无现代的手段,却有治病之绝招。牲畜乃无言,兽医亦哑科,全凭兽医一双'火眼金睛',望其表而知其里。治疗疫病全靠植物草药,百草治百病。梓里乡间,走村进户,串铃响起,兽医往来,流动施治,方便养畜,禁防传播,利民利世。"

　　坎坷的岁月没有动摇盛彤笙对事业的赤诚,作为一名西兽医微生物学家,盛彤笙在中兽医所尝试开展各种中药对马鼻疽、牛结核、猪霉形体肺炎细菌的抑制及杀灭效力的研究,下乡总结中兽医防治传染病经验。在身不由己的岁月里,他于1959年开始了一项兽医学巨著的翻译工作。《家畜特殊病

---

① 著名中兽医专家,在陕西有"活马王"之称。

理与治疗学》是匈牙利科学家胡提拉等用德文合著的，分上下两卷共二百余万字，原著曾发行11版，被译为7种语言流行于全世界，唯独缺少中译本。在盛彤笙家阴暗潮湿的土坯房里，常常是他拿着德文原著口译，妻子邹东明帮忙笔录。历经3年的努力，这部卷帙浩繁的译作终于完成，其准确、精练、流畅的文字被科学出版社誉为"信、达、雅"的典范，书中还纠正了过去错译的病名和寄生虫名，对兽医的教学和科研工作做出重要贡献。此后，盛彤笙又在"牛棚"中翻译了80万字的《家畜的传染病》和120多万字的外国文献资料，激励无数学者奋发图强。

在兰州兽医研究所情报室工作期间，盛彤笙在政治风暴中被分配打扫伏羲堂的厕所，成为名副其实的"扫地高僧"。他每天早早就把厕所刷洗干净，就连墙上张贴标语留下的残迹也用刷子和镊子清理干净，得到大家的一致敬佩。作为情报室的负责人，盛彤笙倾尽所能帮助后辈，不仅提供国内外最新研究成果，还指导解决研究中的关键问题，令许多后辈终生难忘。

盛彤笙与妻子邹东明及儿女合影

随着科学春天的到来，盛彤笙不仅恢复了中国科学院学部委员，还被聘为国务院学位委员会学科评议组成员兼小组召集人。他对组织的信任感愧不已，表示"俾能奋其余生，为四化尽其绵力"。1979年，盛彤笙离开奋斗了33年的兰州调往江苏省农业科学院，他对曾经"冒犯"自己的同事说："我早就把那些事忘掉了，大家要放下思想包袱，为兽医科研事业而努力工作！"

盛彤笙在伏案工作

在盛彤笙晚年撰写的自传《庸碌的一生，平凡的自述》中自嘲："打了一个坚固的基础，却只盖了一栋茅屋"，原因是在学术工作上没能开展更多创造性研究。但事实上，作为第一届全国人大代表，第三、第四、第五、第六届全国政协委员，他始终以战略科学家特有的远见卓识在中国农业现代化的进程中发光发热。

盛彤笙（右）1985年在参加全国人大、全国政协会议期间照片

1987年5月9日，盛彤笙历经辉煌与坎坷，走完了他76年的人生旅途。新华社以"著名兽医学家盛彤笙在南京逝世"为题发专电报道。各类纪念

活动络绎不绝，甘肃农业大学于1996年安放盛彤笙铜像，中国农业科学院兰州畜牧与牧药研究所于2008年安放盛彤笙铜像并举办学术思想研讨会。2011年盛彤笙100周年诞辰之际，《远牧昆仑——盛彤笙院士纪实》正式出版。2021年盛彤笙诞辰110周年之际，《盛彤笙资料长编》正式出版。

作为中国现代兽医学的奠基人之一，盛彤笙毕生致力于畜牧兽医科学和教育事业，在全球顶级刊物发表领先世界的学术成果，扎根西北默默奉献30余年，培养了大批优秀人才，翻译多本经典著作。"求实、严谨、豁达、澄澈"是盛彤笙的座右铭，也是他一生的最好写照。

兰州畜牧与兽药研究所内的盛彤笙塑像

第二章　负重前行的农科奠基人

"让人人都能吃上白面"的遗传育种专家
——记中国农业科学院作物育种栽培研究所创始人之一戴松恩

中国农业科学院的前身华北农业科学研究所是以原中央农业实验所北平农事试验场为基础建立的。1949年5月,我国著名作物遗传育种学家,原北平农事试验场场长戴松恩被任命为华北农业科学研究所副所长。作为中国最早开展作物遗传育种研究的学者之一,戴松恩长期投身作物遗传学研究,曾被周恩来总理寄予"让人人都能吃上白面"的嘱托,他潜心遗传育种研究,为中国农业科技事业奉献一生。

艰辛求学　赤诚报国

自20世纪20年代走出家乡小镇以来,无论身处怎样的逆境,戴松恩始终笃学笃行,在祖国的土地上服务人民。1906年11月22日,戴松恩出生于江苏省常熟市的一个普通家庭。从小他就非常珍惜难得的读书机会,用功学习无暇嬉闹。他一直抱有学医的梦想,但高昂的学费让他望而却步。1926年,戴松恩以第一名的成绩从金陵大学农业专修科毕业,留校担任助理,协助沈宗瀚教授[①]开展小麦遗传育种研究。"医学能治病救人,农业能解决人们吃饭穿衣的问题,同样是人生的重大需求。"戴松恩在工作中对种子产生了浓厚的兴趣,他废寝忘食地自学遗传学理论、育种学原理等基础课程。沈宗瀚教

1929年在金陵大学就读时的戴松恩

[①] 著名农学家、作物遗传育种学家,美国康奈尔大学博士,曾任中央农业实验所所长。

授被这个勤奋踏实的年轻人所感动，推荐他到金陵大学工坊，学习作物遗传育种专业。1931年6月，戴松恩以第一名的成绩毕业，并荣获金陵大学的最高奖励——金钥匙奖。毕业后，戴松恩选择留校任助教，继续脚踏实地开展科研工作。

1933年夏，清华大学首次公费留美研究生项目开始了，戴松恩在众多考生中脱颖而出，以第一名的成绩考取遗传育种专业的留学资格，跟随康奈尔大学国际著名学者洛夫教授，在植物的微观世界探索更多遗传育种的奥秘。

在康奈尔大学，戴松恩白天忙碌在试验地和实验室，夜晚仍孜孜不倦伏案至深夜。辛勤的汗水浇灌出丰硕的果实，1936冬，戴松恩的博士论文《中俄美小麦品种杂交之遗传研究》顺利通过答辩。因其在学界理论方面的建树，被选为美国希格玛赛（Sigma Xi）科学荣誉学会会员，也拿到了他人生的第二把"金钥匙"——他荣获该学会金钥匙奖。回到祖国，是戴松恩的既定选择。导师的挽留，种种优厚的条件，都不足以吸引戴松恩留在美国，他只有一个坚定的信念："只有在祖国的土地上，我那点知识才能更好地为家乡父老，为更多人服务。"1937年2月，戴松恩踏上了归国的旅程。

戴松恩在康奈尔大学留影

辗转求索　北平新生

回国后，为更好实现科研服务生产的理想，他前往恩师沈宗瀚供职的中央农业实验所，开展小麦抗病育种和细胞遗传研究。正当戴松恩踌躇满志之时，侵华日军的炮火在卢沟桥骤然响起。国难当头，中央农业实验所派遣戴松恩前往苏北督导小麦增产，他的研究重点旋即转向战事需要。南京沦陷后，戴松恩辗转前往中央农业实验所贵州工作站，在极端困难的条件下，开展玉米、油菜、烟草等育种研究和技术推广工作。

玉米在民国时期是重要的粮食作物之一。戴松恩为此开展了3年的引种实验，结果显示，只有在肥沃土壤可增产20%，贫瘠土壤则不能增产。他先后撰写《美国杂交玉米在我国的利用问题》等文章，指出实现玉米增产应集中力量于增加栽培面积。同时期，戴松恩还对油菜育种的人工自交方法进行了基础性研究，从125个农家品种中选育出油菜良种"罗甸一号"。他和同事们对65个贵州土烟品种和20个外国烤烟品种进行了历时3年的比较试验。1940年，戴松恩选育的良种"佛州黄金叶"和研发的配套栽培加工技术，在全省成功推广，为贵州烟草产业发展奠定坚实基础。

在西南后方的日子里，戴松恩也没有放弃钟爱的小麦研究，他以长江下游危害严重的小麦赤霉病为研究对象，利用"金大2905"等品种在贵阳、

戴松恩在贵州农业改进所

荣昌等地连续4年开展抗病品种鉴定试验，筛选出云南"牟定火麦"等具有极强抗性的品种，证明了选育抗病品种的可能性。1940年，他发表《小麦赤霉病抗病性研究》，成为抗病育种领域的开拓性文献。

1946年12月，戴松恩奉命前往北平接替沈宗瀚担任中央农业实验所北平农事试验场场长，主持科研和推广工作的同时，在全国广揽人才，完善研究系室建设，形成了较为齐全的研究体系。1948年，负责联系北平高级知识分子的中共地下党员蒋鸿宾与戴松恩建立联系，带来毛泽东主席的元旦社论《将革命进行到底》，并表示党希望他留下安心工作。戴松恩了解共产党的宗旨和政策后，决心留在北平，组建护场巡逻队，将场内贵重的仪器设备和珍贵的科研资料完整保护下来。北平宣告和平解放后，戴松恩带领职工向陈凤桐领导的接收工作组请示复员事宜，在军管会领导下留任场长，着手开展生产和科研工作。1949年5月1日，华北农业科学研究所正式成立，戴松恩任副所长，主管科研组织和管理工作。华北农业科学研究所还增设了与中国科学院地球物理研究所（现为地质与地球物理研究所）合建的农业气象室和应用植物系，戴松恩兼任应用植物系主任，主要任务是开展遗传、生理和生化等基础研究。

新中国百废待兴，作为农业专家，戴松恩被党和政府委以重任。戴松恩先后当选为北京市第三届各界人民会议代表、北京市第一届人民代表大会代表，他积极为新中国农业科学事业建言献策，先后发表《两年来华北农业科学的进展》《新中国五年来农业科学的主要成就》等文章。1955年，戴松恩当选中国科学院首批学部委员。

戴松恩在北平家中

1956年，戴松恩受邀参加了在中南海怀仁堂举行的招待酒会，周恩来总理希望他搞好小麦研究工作，嘱咐他"希望你用科学技术增产小麦，让人人都能吃到白面"。"让人人都能吃上白面"，这是多么简单质朴却在当时又是何等困难的事啊。戴松恩为了这个质朴的愿望，奋斗了一生。

心有大我　勇攀高峰

1956年7月，戴松恩加入中国农业科学院的筹建工作，担任中国农业科学院成立大会起草委员会成员，参与相关报告的起草。中国农业科学院成立时，戴松恩担任院学术委员会委员、农学组副组长。同年8月，作物育种栽培研究所成立，戴松恩任副所长。此后，他既要开展科研工作，又要承担管理工作，两副沉重担子同时压在他的肩上，但他依旧抖擞精神，兢兢业业完成各项工作。

1957年11月，戴松恩随同以郭沫若为团长的"中国访苏科学技术代表团"赴苏联进行为期两个多月的考察访问，回国后在《农业学报》发表《关于农学及园艺等方面的访苏传达报告》，对"提高农作物单位面积产量""荒地开发问题"等提出建议。1958—1960年，戴松恩先后到新疆和海南岛进行考察，在考察报告中就新疆因地制宜发展农牧业、海南大力发展热带经济作物提出许多建设性意见。

小麦非整倍体研究始于20世纪30年代，在50年代有较大发展，戴松恩自1972年开始关注这一领域研究。1974年，他在国内率先主持开展这项世界前沿的研究，在北京召开全国小麦非整倍体研究第一次座谈会，翻译出版《普通小麦的非整倍体》。他不顾体弱多病，坚持在实验室和田间一线开展研究，带领课题组育成了我国第一套小麦非整倍体的单体系统"京红1号"春小麦单体系统，为开创小麦育种新途径奠定了坚实基础，大大缩小了与发达国家的技术差距。

戴松恩（前排左2）赴苏联考察

1978年3月，戴松恩受邀参加全国科学大会，与广大学者共同迎来科学的春天。作为遗传育种领域研究者，戴松恩深知种子对于农业的重要性，曾撰写《种子的科学》等文章。同年7月，他撰写《关于迅速制定种子法的建议》，针对当时我国品种和良种繁育存在的问题，提出迅速制定符合我国情况的《种子法》等建议，迅速得到有关部门的重视和响应。

随着中国农业科学院恢复原有建制，戴松恩为发展科研工作，撰写《回顾中国农业科学院开展科学研究工作的经过》，按照华北农业科学研究所时期（1949—1957年）、中国农业科学院第一阶段（1957—1965年）、中国农业科学院第二阶段（1966—1977年），系统梳理了不同

《关于迅速制定种子法的建议》

时期开展科研事业的经过，探讨了农业科学的特点和中国农业科学院的工作性质和任务，指出"中国农业科学院除协助地方解决科技问题外，还有责任研究解决带领全国性的或大地区的农牧业生产中所产生的重大科技问题。"为解决科研人才匮乏问题，戴松恩积极倡导成立中国农业科学院研究生院。1980年，他被任命为研究生院副院长，他不辞劳苦地培养研究生，为提高研究生教育水平做了大量工作。

多年来，戴松恩深知"科学来不得半点虚伪"，在科研工作中养成了严谨、勤奋的工作习惯。作为老学部委员，他多次不耻下问，向年轻后辈写信请教遗传学前沿问题。作为中国农业科学院资历最深的老专家之一，他从不以领导自居，在繁重的科研劳动中冲锋在前，在申报奖项时却主动让贤。随着年事渐高，他曾2次患上心肌梗死，4次患肺炎，但他仍废寝忘食，忙碌地审阅各种稿件，指导各项科研工作。

1982年，75岁高龄的戴松恩第三次递交入党申请书，并如愿成为一名共产党员。他写道："我真诚地请求党接受我做一名普通的共产党员，在党的直接教育下，把我的有生之年贡献给祖国的四个现代化和共产主义事业。"1983年，中国农学会为他颁发"从事农业科研50周年表彰奖"，1985年中国科学院授予他"从事科学工作50年荣誉奖"。

1987年7月31日，戴松恩不幸因病逝世，享年80岁。中国农业科学院举办追悼会。戴松恩的事迹在社会和农业科技界广为流传，2023年2月《献身祖国大农业——戴松恩传》正式出版。作为中国农业科学院的创始人之一，戴松恩毕生致力于祖国农业科技事业，为小麦遗传育种研究作出杰出贡献，在农业增产、科研管理、研究生教育等诸多方面贡献卓著。他的一生是坚忍不拔、闪闪发光的一生，正如他自己所写："个人的恩怨得失实在是微不足道的，只有在心中装下了祖国、民族的利益，个人有限的才华、智慧才能焕发出灿烂的光彩。"

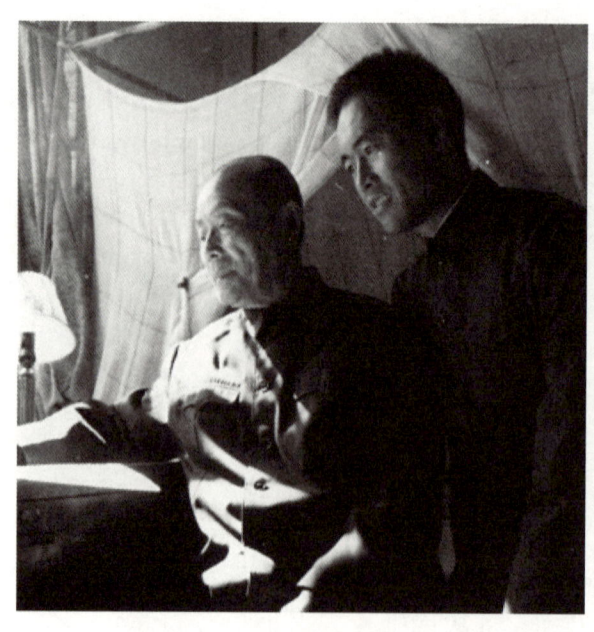
戴松恩（左1）指导研究生刘旭

戴松恩在家中书房工作

中国科学家博物馆中关于戴松恩的展览

第三章

以身许党的红色农学家

半生戎马的红色农学家
——记中国农业科学院首任分党组书记陈凤桐

在中国农业科学院现存的珍贵档案中,有这样一份文件:华北农业科学研究所编制的1957年度基本建设计划草案。文件负责人处端端正正地写着一个人的名字,尾处还印着他的方形私章——陈凤桐。草案文件名处红色圆形印章代表华北农业科学研究所,印章边缘处已有些印泥染进泛黄的纸张,昭示着近70年的时光已飘然远去,但陈凤桐的名字却依然留在农科人的心中。1957年3月1日,经国务院批准,中国农业科学院在原华北农业科学研究所的基础上成立,陈凤桐被任命为首任分党组书记和副院长。作为新中国成立后第一所综合性农业科研机构的主要负责人,陈凤桐是中国农业科技事业的主要开拓者和领导者之一,是中国农业科学院的主要奠基人之一。

赤子之心始向党

1897年2月25日,陈凤桐出生于河南省内乡县一个耕读之家。他的父亲和大哥都是清末的秀才,父亲极力提倡反毒禁烟,大哥提倡妇女放足、举办新学。陈凤桐深受家中进步思想熏陶,在青年时代就投身于反帝反封建斗争,1919年在河北甲种农校就读时就被推举为班代表,积极组织同学参加五四运动。1924年大革命爆发后,他参加了反帝反封建的北伐战争。然而,正在北伐军将国民革命烈火从广州烧到长江流域,推翻大面积的军阀统治,收回外国租界之时,蒋介石突然叛变,于1927年4月12日发动四一二反革命政变,国共合作宣告破裂,烽烟再起,猝不及防的共产党人和革命群众惨遭杀害。

20世纪20年代的中国,军阀割据,帝国主义虎视眈眈,社会动乱不堪,多股力量对峙于神州大地。陈凤桐感到失望与痛心,报国救民的初心却始终

第三章　以身许党的红色农学家

不曾动摇,他在给家人的信中写道"我方存一点清明之气,尚未受到污染"。他对这一点"清明之气"珍视至极,绝不与反动派同流合污。当时,他所在的队伍被暂编为骑兵第二师,国民党拟委任他为该师中校副官长,但他以准备去日本留学为由,毅然拒绝就任。

1929年秋,陈凤桐在友人帮助下,考入日本青山农业大学专门部,开始学习农业经济。在这里,他结识了共产党员阮慕韩,阅读了《共产党宣言》等马列著作,学习共产主义进步思想,并如饥似渴地阅读日本报刊上关于中国革命的报道。通过进步人士和进步书籍,他不断向中国共产党靠拢,正如他在自述中所写:"从此知道共产党是最先进的、最正派的政党。(我)心向往之。"

1931年,九一八事变的爆发令陈凤桐如坐针毡,他同爱国留学生一起愤然回国,转入北平大学农学院农业

陈凤桐在日本留学留影

经济系完成学业,并经阮慕韩介绍,结识中共北方局学运负责人南汉宸和杨秀峰、黄松龄、张友渔等进步教授,在校园中坚定投身党领导的抗日救亡运动。1932年12月,他被选为农学院三代表之一,带领同学参加"平津学生南下示威团"。在北平异常寒冷的冬天里,陈凤桐眉目坚毅,气势凛然,带着一队情绪高昂的学生,挥舞"示威团"的旗帜,振臂高呼,要求举起武器抵抗侵略。

1933年5月,陈凤桐集结许多进步同学投笔从戎,在张家口加入察哈尔

抗日同盟军，在冯玉祥、吉鸿昌、方振武等爱国将领麾下，与日伪军作战。同年9月，察哈尔抗日同盟军在蒋、日内外夹击中战败，陈凤桐只好离开同盟军，在共产党员阮慕韩和党组织的帮助下，应原北平大学农学院农业经济系主任、江西农业院院长董时进的邀请，前往江西农业院担任农业技师。

1934年，陈凤桐参加江西农业院组织的"苏区考察团"，从莲塘出发，经临川、南城、南丰等地到达宁都，调研中国共产党在苏区进行土地革命和农林牧及工商等经济发展情况。苏区人民不屈不挠的革命斗争与伟大成就深深地鼓舞了他，一篇《苏区农业考察报告》随之成文，革命热情也在他心中激荡。

"我决心跟党走，共产党人正直，有学问，有见识，有计划，有方法。"他在自述中这样写道。带着对中国共产党的无限忠诚，带着参军作战的戎马经历，带着辗转多地修习的农业知识，1936年5月，他终于心愿得偿，光荣地加入了中国共产党。

1937年秋，华北沦陷，日寇进逼山西的娘子关和雁门关。在党组织和"战地总动员委员会"领导下，察绥抗日游击军诞生了，陈凤桐和阮慕韩担任雁北支队政委，率军在山西左云右玉、平鲁一带，打击日寇与伪军。1940年夏秋之季，震惊世界的百团大战打响。在这一战役中，雁北支队作为一个建制团直接参加了战斗，配合六团，硬是守住了恒山防线，保证了晋察军区的后方安全。"抗日战争是我的锻炼，也是我的考验，我能吃苦，不害怕，抱着死了也光荣的心理进行战斗。"陈凤桐在自述中这样总结雁北支队的戎马经历。

边区农业显身手

1938年1月，晋察冀边区军政民大会在阜平县召开，选举产生了华北敌后第一个区域性的抗日民主政权——晋察冀边区临时行政委员会，被称为

"边区政府"。1940年12月,边区政府改组,组建农林牧殖局。作为农学知识扎实,个人能力卓越的先进知识分子,陈凤桐接到了组织最新的任命——调任晋察冀边区行政委员会农林牧殖局局长。服从组织安排,陈凤桐脱下戎装,转身投入地方农业生产的火热运动中。

1943年陈凤桐参加边区自然科学研究会座谈会

阜平的边区政府都藏在山林之中。时局动荡,国民党反动派围剿和敌机轰炸的威胁始终笼罩,边区政府就这样依山挖窑,在危急中仍坚持工作。

家北村坐落在花果山之中,此处层峦叠嶂,树木翠绿。在树丛的掩映之下,还能隐约见到山坡上一孔挨着一孔的窑洞,其中包括5组窑洞集中区,有公安局、检察院、法院、统战部等,农林牧殖局的办公地点也在这样的窑洞里。大部分洞孔约有一人高,进深两三米,越往里越矮,人在其中站不直腰,三面是壁,头顶弧形笼罩。

"敌后环境,今后将更加残酷,我们的粮食就更需要有保障。这就需要我们尽一切力量增加生产,首先就需要用尽一切力量,提高生产技术。"在后方农业工作中,陈凤桐也从未松懈,他深知:"我们的抗战力量,还依靠日益精壮的在我们祖国里澎湃着的科学思想"这句话的重要意义。

经过走访调研,他发现,边区各县区党政干部和广大农民群众还普遍缺乏科学思想。比如,报告牛瘟时不知道如何报告病症,报告虫害时没有邮寄标本，请求水利贷款时也不绘草图。人们的思想认识较为落后，将豌豆害虫、小麦黑穗等人力可以避免或缓解的农业问题视为无法抵御的天灾。

家北旧址窑洞

理论与实践结合，陈凤桐找到了工作的突破口，确立了改善边区农业境况最迅速的工作方针——将最大的力量投入科学思想的普及工作中。在农作物的种植培育上，边区政府指导居民造肥贮粮，推广选种浸种方法；在家畜饲养方面，普及家畜瘟疫防治重要意义，推广畜瘟防治方法；在农产品制造上，强调因地制宜，鼓励大家做柿饼、柿干和柿糖；在水利方面，带领帮助居民开渠修滩涂，发展农用水车；家庭手工业上还鼓励发展一家一副业。边区农业生产的方方面面都在他的考虑之中，这些技术既简单易行又助益颇多，推广开来后，产生了巨大的经济价值。

为了更好地布置生产、领导生产，不犯或少犯主观主义的毛病，陈凤桐在1944年编写了晋察冀边区农业生产月历，其中包括每月农业主副业工作内容，边区主要农作物播种期。他十分清晰地为边区定制了一份生产工作安排，简明扼要又通俗易懂。同时，他还鼓励各县、各区工作人员，"在工作中随时随地搜集材料，今年年底能制作出各县各区自己的生产月历，自己的农作物播种期，明年工作就方便多了。"

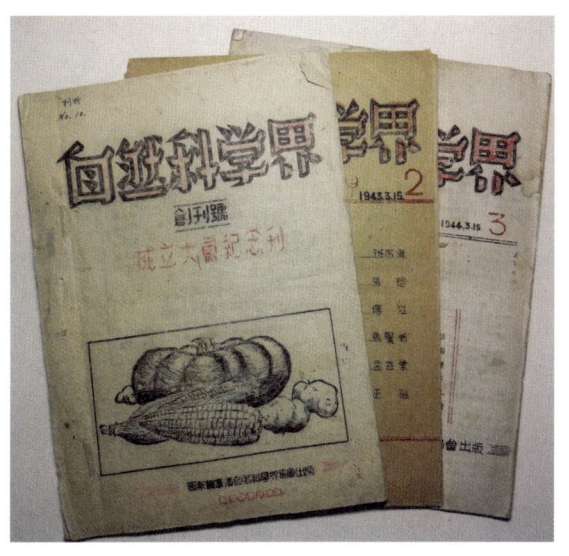

晋察冀根据地印制的《自然科学界》

无论技术推广还是科学研发，自然科学一直是他心中神圣的航标。1942年6月10日，陈凤桐响应党中央和徐特立同志的号召，发起成立晋察冀边区自然科学界协会，并被选为理事长和参议会参议员。"团结全边区自然科学家与自然科学工作者，开展自然科学的工作为抗战建国服务"的宗旨也被确立下来。

协会一经成立，就立即投入到热火朝天的实际工作之中。工学会、农学会、电学会和医学会等专业学会接连成立，为边区农林发展、卫生防疫等方面贡献力量。为进一步加强交流联络，宣传农林牧科学知识，协会还创办学术刊物《自然科学界》。

协会工作之外，陈凤桐也一直在持续开展科学普及工作。在《自然科学界》创刊号（1942年6月12日）上，他发表了题为《农业推广和普及科学思想》一文，指出："今天不是推广材料'有''无'，也不是推广什么、推广多少的问题，而是努力普及科学思想、普及科学知识的问题，是大量培养技术干部。首先使县区级政府干部有科学的生产思想和科学的生产知识，有千百个忠实传递科学技术的干部,站到各级政府和各级群众组织实际工作岗位上,一道技术命令或一个技术小册子,能为他们掌握运用,能为他们喜欢去掌握运用。"

1941—1943年,任农林牧殖局局长的3年中,陈凤桐根据毛泽东关于大生产运动的指示,总结和推广群众生产经验,组织开展科学实验,提倡造林、护林、兴修水利,创建农场、林场、牧场等。陈凤桐与像他一样为抗战和边区建设舍生忘死的科学家们并肩战斗,于祖国大地之上默默耕耘,与人民群众携手砥砺前行,在边区这场看不见硝烟的战争中,打赢了一仗又一仗。

延安党校立新功

敌后环境艰苦,斗争辛劳,陈凤桐工作起来通宵达旦,积劳成疾,无法再支持高强度的工作。1944年春,党组织安排他前往延安中央党校学习。

位于延安的中共中央党校旧址

他就在延安一边休养身体,一边学习进步。

来到党校学习的陈凤桐,立即开始满腔热情地关注解放区农业生产和农业科技工作。《解放日报》记录了他的工作成果,还经常发表他的学习与工作经验、调查研究成果和一些思想观点。1944年8月23日,《解放日报》发表了以《"团结部"①丰收在望,布置秋收准备仓库》为题报道。报道中有如下记述:"为了保障粮食不受损失,及时收割,妥当收藏,并提高明年的收获量,特于十数日前,敦请对农林科学有研究的陈凤桐同志(曾任晋察冀边区农林局长),来南泥湾协助检查并指导部队农林业生产。在陈凤桐同志指导下,根据当前的情况和需要,该部已通令所属各部积极布置秋收工作。"

该报于9月25日还刊登了陈凤桐写的《边区冬季护林工作》一文。编者在按语中指出:"陈凤桐同志是一位不久以前从前方归来的农林专家,陈同志此文恳切指出我们边区存在着洗伐林木的现象,并提出了恰当的补救办法。希望党政军各级机关暨各界人士注意这一问题,将陈同志所提办法见诸实施,特别在目前各机关烧炭队入山的时候,严格防止洗伐,是非常必要的。"10月20日,他再次在《解放日报》发表《烧炭和造林》,文中严厉批评"轻视法令""违犯群众利益""滥伐洗林"倾向,提出进行"造林、护林、伐林教育""划分公私伐林区""奖励模范窑厂"和"严格规定伐木许可证"等项措施。

1944年12月2日,《解放日报》刊登陈凤桐撰写的《北岳的农业推广》长篇文章。他从实验研究工作、农田水利、培养干部、示范推广、农业行政等方面,系统总结了1941年春到1944年春在晋察冀边区农林牧殖局工作期间的经验教训。编者在按语中指出:"这篇文章,写出许多宝贵的经验,作者虽然是为延安专署讨论建立农场和苗圃问题时作参考而写的,但对整个边区来说,都有参考的价值。"

---
① 三五九旅在南泥湾开垦时的代号。

持续发展科学事业,陈凤桐初心不改。1945年9月14日,他发表了《介绍晋察冀边区自然科学界协会》的长文章,在结语中指出:"近代战争是科学的战争,今后世界和平同样需要科学的支援和保证,这就需要各部门科学家的密切团结和合作。"并建议:"解放区及时建立起科学工作的首脑组织,成立中心的领导研究机关,加强解放区科学工作者和研究人员的团结,提高研究力量,扩大研究范围,使解放区建设成为全国建设的榜样,这在新中国建设的策划上是异常重要的课题。"这也反映出陈凤桐对建设新中国科学事业的远见卓识。

农科发展奠根基

1949年4月,华北人民政府在原中央农业实验所北平农事试验场、中央林业实验所华北林业试验场、中央畜牧实验所华北工作站、农林部兽医防治处北平分处以及河北省农业改进所等机构基础上,组建"华北农业科学研究所",使农业科学研究工作走向正规化。陈凤桐奔走在组建华北农业科学研究所的路上。5月1日,华北农业科学研究所成立,成为新中国第一所综合性农业科研机构,由陈凤桐任所长。

此后,陈凤桐秉承战火中历练的革命精神,将全部精力和智慧投入研究所的建设与发展中。他根据农业生产和农业科技发展需要,科学设置专业系、编译委员会和农业推广委员会,对我国农业科学各有关学科的发展奠定了组织基础,是具有战略意义的创举。陈凤桐认为:"实验研究的进行方法是很明白的——'从群众中来

1951年陈凤桐在华北农业科学研究所

到群众中去',把调查材料从农村里拿到研究室来,经过细心研究,得出实用结果之后,再推广到农村中去;能解决实际问题的就是科学。"他认真贯彻党的科技方针和中央有关指示,对农业科学研究与生产实践的关系进行深入思考,撰写了10余篇文章;他强调所内试验与所外农村基点相结合,调查、试验、示范相结合;密切联系实际,联系生产,既发展了生产,又丰富了科学,还培养锻炼了干部。他善于组织大规模科研攻关,在短时间内解决新中国面临的一系列农业难题,针对1950年小麦锈病在全国范围大发生的惨重教训,他提出"全国小麦锈病研究急需统一起来"的建议,得到周恩来总理的关注和农业部的支持,总理当即指示成立全国小麦锈病研究委员会。委员会随即制订出统一的研究计划,在全国小麦锈病和育种研究工作者的通力合作下,锈病防治很快取得了重大突破。在他的组织倡导下,华北农业科学研究所理化系科研人员在1951年就相继研制成功六六六、1605等新一代农药,并提交工业部门大批量生产,对消灭虫害,保证农作物增产,起到重大作用。他组织带领科研人员下乡蹲点,一大批青年科研人员在实践中获得科学灵感,增长了科研才干。

1955年,陈凤桐当选中国科学院首批学部委员(院士)。1957年,陈凤桐负责筹备成立中国农业科学院,并担任分党组书记兼副院长。他作为主要负责人,以极大的热情和高度责任感,积极投入中国农业科学院及其研究所的组建工作。他根据国家需求,组织有关专家研究提出全国农业科学研究的方向和任务,制订重点研究工作计划,使中国农业科学研究事业走上了统一协调、全面发展的道路。

1958年,陈凤桐在政治运动中被下放到江西省农业科学研究所任副所长,在农业区划、红壤改良、水土保持和发展植棉和亚热带作物等方面作出了重要贡献。1965年陈凤桐院士退休回到北京。回京后,他以"有一分热发一分光"的精神主动担任北京农业劳动大学顾问,从各个方面提出许多有益的建议。"文革"期间，他被下放到街道，但仍坚持不懈学习马列主义、毛泽东思想，积极参加街道的社会活动，起到一名老同志的模范作用。十一届三中全会后，陈凤桐回到中国农业科学院任顾问，对中国农业科学院的工作和全国农业科研事业提出很多宝贵建议和意见。1980年，他在生命垂危之际，仍向探望他的同志询问全院和全国农业科研事业的发展情况，并提出自己的看法。10月4日，陈凤桐因病在北京逝世，享年83岁。2022年3月，中国农业科学院举办纪念陈凤桐院士诞辰125周年暨学术思想研讨会，同年7月，陈凤桐院士铜像揭幕。

矗立在中国农业科学院的
陈凤桐院士铜像

从晋察冀边区到延安再到北京，从军中的铁血战士到边区的农业科学家，从紧扣扳机到紧握农具，从延安党校到农业科学院，陈凤桐始终以赤子之心报国为民，始终奉行"一切为人民服务，对人民负责"的信念，始终为实现农业现代化的理想不懈奋斗。尤其是他求真务实、理论联系实际的科学态度和工作作风为我们树立了光辉的榜样，正如《诗颂十大红色专家》①中对他赞誉的那样：

领导专家陈凤桐，从戎抗日大英雄。
接收组建农科院，务实求真铁骨风。

---

① 2024年，中国农业科学院作物科学研究所原党委书记张保明创作了《诗颂十大红色农学家》，下同。

光华农场的革命伉俪
——记中国农业科学院哈尔滨兽医研究所首任所长陈凌风和
蔬菜花卉研究所首任所长朱明凯

他们的革命道路惊心动魄,但从未有丝毫动摇;他们的科研道路万难千险,但总能坚韧地跨过一个个障碍;他们最缺少的就是时间,除了夜以继日的工作还是工作。在延安的8年,他们出色地完成了党组织交给的每一项任务。1955年,陈凌风担任哈尔滨兽医科学研究所[①]所长。1957年,他在原农业部畜牧兽医局任副局长兼中国农业科学院畜牧研究所所长,一干就是10年。夫人朱明凯始终和他并肩站在一起,1958年,朱明凯负责中国农业科学院蔬菜研究所(后更名为蔬菜花卉研究所)筹备,也是中国农业科学院筹备组成员之一。对他们来说,工作就是忠于信仰、践行信仰的光荣道路。

投身革命　艰苦创业

陈凌风(原名陈糯然)1913年出生于广东省南海县(今佛山市南海区),朱明凯(原名朱翠玉)1911年出生于广东省台山县(今台山市)。1931年,陈凌风和朱明凯分别考入广东岭南大学农学院畜牧系和园艺系。入学时逢九一八事变,东北的沦陷让两位热血青年倍感义愤,他们阅读大量进步书籍和刊物,共同的志向使他们走到一起。1935年毕业后,两人在岭南地区从事农业相关工作,经常与进步好友讨论中国的出路问题,逐渐接触大量的进步思想。1936年震惊中外的西安事变使他们认定只有中国共产党才能救中国。

1937年,日本悍然发动卢沟桥事变,陈凌风和朱明凯抱定为祖国抛头颅洒热血的决心,写信联系陕甘宁边区,询问能否到延安加入抗日队伍。当

[①] 原隶属于农业部。

林伯渠得知两人的情况后，亲自写信诚邀他们到陕甘宁边区工作。收到回信后，刚刚新婚的两人激动地辞去工作，变卖全部家当，购买边区紧缺的图书和药品，于1938年从广西出发，乔装成归国华侨，以陈凌风和朱明凯的化名，经由贵州、四川前往西安的八路军办事处。

随着距离西安越来越近，国民党的盘查也越来越严，他们不得不把林伯渠的介绍信销毁，离开大路，绕小道艰难前行。历经半年的跋涉，两人终于到达西安。几经周折，两人在八路军办事处见到了林伯渠，陈凌风提出去前线参军抗日的愿望。然而林伯渠告诉两人，组织上已经决定安排他们发挥专业优势，去延安开办农场。

跟随林伯渠到延安后，经过周恩来晓之以情动之以理的思想工作，两人认识到抗日战争不但需要视死如归的勇气，更需要坚实富足的大后方，也要为新中国的建设储备各类人才。两人按照组织安排，前往陕甘宁边区建设厅农业学校试验场，陈凌风担任副场长，朱明凯任技师兼农校教员。1939年，两人在延安第一次技术人员新春晚会中聆听了毛泽东关于技术人员在政治上重要性的报告，同年12月在著名的《大量吸收知识分子的决定》中看到"没有知识分子的参加，革命的胜利是不可能的"，于是更坚定了扎根农场、办好农场的决心。

抗日战争期间，地处敌后的陕甘宁边区遭到敌人的重重封锁，如何利用13万平方公里的山地养活140万的人口，成为边区政府和仅有的几十名农业科技人员首要解决的问题。1939年冬，延安的很多干部因长征或长期监狱生活，身体十分虚弱，党中央决定

青年时期的陈凌风和朱明凯

筹办一个保健农场。林伯渠指示陈凌风负责勘察和选定场址。经过几番奔走，陈凌风和朱明凯看中了距延安20多里的马家湾，但是这里只有一个破窑洞和几件简单工具，而且附近经常有狼群出没。但两人没有退缩，与同事们一起热火朝天地建设农场。1940年3月，农场正式建成，陈凌风任技术部主任，下设农艺、园艺、森林和畜牧兽医4个专业组，朱明凯任园艺组组长。

光华农场原貌

自力更生　攻坚克难

1941年，为进一步集中技术人员力量，陕甘宁边区农业学校的农业试验场与保健农场合并，并正式定名为光华农场，承担着整个边区的选种育种工作，陈凌风出任场长，朱明凯任园艺组组长。朱德、刘少奇、陈毅等中央领导同志不但多次视察农场，还从国统区购买大量珍贵的书籍、种子、仪器，要求把光华农场建设成为陕甘宁边区农业科研与生产的试验基地。陈凌风和朱明凯设计实施了大批农业科研项目，农场也经常派技术干部下乡调研指导生产，很多地方的同志都赶来参观学习，光华农场成为了边区的农业科研和技术推广基地。

新中国成立后光华农场职工合影
（第2排左3陈凌风，前排左3朱明凯）

由于气候干旱、土地贫瘠，陕北的粮食作物以小米为主，蔬菜只有南瓜，果树只有少量枣树。为了改变这种状况，陈凌风和朱明凯与大家一起在黄土坡上开垦一片片良田，在良田周围开辟苗圃、瓜园和果园。由于坡上没有水源，职工们要赤脚走两里多山路，从谷底的小河中挑水灌溉，每天上山下山十几趟。春华秋实，大家用辛勤的汗水和肩头的老茧换来农场的丰收，在很短的时间内就把光华农场经营得红红火火，为延安的机关和学校供应了番茄、南瓜等大量蔬菜，每天可以供应鲜奶近百斤。

朱明凯利用延安军民冲破重重封锁带来的蔬菜、瓜果种子，在极其简陋艰苦的条件下，开展蔬菜、水果、烟草等作物的引种和选育，先后培育出番茄、洋葱、球茎甘蓝、草莓等20余种蔬菜水果,带领园艺组建立了30多亩果园,引进胡桃、德国槐等树木,试种了70余种花卉,从中选出34种适合边区种植的花卉向各地推广。其中,朱明凯培育的甘露西瓜不仅皮薄肉沙,而且糖分高,得到周恩来的高度肯定,并专门把西瓜带到重庆,在记者招待会上用来宣传陕甘宁边区的大生产成就。

由于国内产烟省多被日军占领,西北各省烟叶供不应求,边区的烟叶供应十分紧张。1942年,朱明凯带领技术人员从10余种烟叶品种中筛选出美国黄金烟和古巴雪茄烟,并建烤烟房进行烘烤技术研究。这两个烟种由于品质好、产量高,立即在边区得到推广。1943年,光华农场收获的烟种可供300公顷土地种植,生产的烟叶供给中央党校卷烟厂生产曙光牌卷烟,成为边区的畅销商品,提供党的七大会议使用。党的七大代表对光华农场的科技人员十分赞赏,《解放日报》曾进行专题报道。

朱明凯白天在农场做试验,晚上在煤油灯下笔耕不辍,在《解放日报》发表《种菜法》《种烟法》《番茄王育种》等十几篇文章,一有空闲还要纺棉花,而且棉花纺得又快又好。因表现突出,朱明凯两次荣获"陕甘宁边区模范妇女"称号。

延安地区种植的卷心菜

1942年,边区暴发了严重的牛瘟,农户们纷纷痛苦地叹息。解决牛瘟的重担很快落到陈凌风的肩头,他夜以继日地翻阅随身带来的书籍资料,结合之前在广西的实际工作经验研制疫苗。在没有任何仪器设备的情况下,他设计所需仪器设备的代用品,经过十几个不眠之夜,终于成功研制出牛瘟甲醛甘油疫苗和抗牛瘟高免血清。疫苗虽然研制成功了,但由于边区的封锁,无法购买适合的兽用注射器。陈凌风设计好图纸后,与一个老铜匠加班加点、手工打造注射器。在无数次失败后,靠着从不放弃的精神,铜制注射器终于手工打造完成了。

陈凌风带着自制的疫苗和注射器,走村串户为耕牛免疫注射,终于在1943年春天来临前控制住牛瘟,保护了农耕动力,边区几十万亩农田的春耕顺利开始了,陈凌风也因此被授予"边区特级先进工作者"称号。

在陕甘宁边区饲养的牛群

相濡以沫　坎坷同行

有一次,朱明凯正在试种草莓,忽然一阵狂风卷起漫天砂石,把纤弱的草莓苗连根拔起。她赶忙叫上陈凌风和孩子们把家里的草席、竹席全搬了出来,顶着狂风斜插进土里,做成小窝棚保护小苗。当草莓一天一天长大,结出诱人的果实时,大女儿忍不住偷偷摘了一颗,陈凌风看到后毫不犹豫地用马鞭打了女儿的手心,朱明凯一边安慰女儿一边耐心解释:"每一颗草莓都是公家的,我们必须守护好。"

1946年6月,国民党单方面撕毁《双十协定》,集结几十万大军进攻延安。党中央决定暂时撤离延安,光华农场的同志们想不通,大家看着满是丰收气象的农场,纷纷拿起武器,要誓死保卫延安。毛泽东听说后,让大家不要舍不得打破瓶瓶罐罐,今后部队还会打回来,还要建设一个更美好的新中国,并要求农场的党员带头撤离。此时,陈凌风接到了中央安排他去美国考察学习的通知,需要先行离开延安。

朱明凯独自带着3个年幼的孩子撤往东北的根据地。几千里的旅程中,作为第三大队的分队长,她不但要安排路线和食宿,还要向沿途的百姓宣传党的方针政策。在艰苦的旅程中,刚满月的孩子不慎跌落马车,落下癫痫的残疾。走入敌占区后,部队常常遇到国民党飞机的轰炸和还乡团的围追堵截,大女儿差点牺牲在敌机的轰炸中,二女儿也因野菜中毒险些丧命。面对严峻的形势,分队的党支部决定将队伍化整为零,混进乞讨的队伍,到大连汇合。一路上,很多家庭不得不把孩子送给了当地百姓,但朱明凯决心只要还剩一口气就要把孩子带到解放区。

当陈凌风在大连的街道上与朱明凯再次相逢时,他竟没有认出面容憔悴、衣衫褴褛的家人们,直到朱明凯用广东话呼唤他的名字,方才夫妻相认、掩面痛哭。此时,35岁的朱明凯已头发花白。两人不敢在

1968年家庭合影

大连多做休息,先乘船到朝鲜,又从朝鲜走陆路,行进三千余里,到达天寒地冻的黑龙江佳木斯,开启了筹办农场的新任务。

以延安精神建设新中国

陈凌风和朱明凯在20多岁的年纪以强烈的民族自尊和爱国情怀,舍弃衣食无忧的生活,远赴陕北投身革命,把一生中最好的青春年华奉献给延安的农业科技事业。他们在艰苦创业中接受党的教育,不断提高思想觉悟,积极向党组织靠拢。1946年4月,他们在光华农场光荣地加入了中国共产党,从此更加坚定了做人民科学家的信念。离开延安后,他们先后转战佳木斯、

哈尔滨、沈阳、北京等地,党指向哪里,他们便毫无怨言地战斗在哪里,以乐观的革命精神和顽强的革命斗志投身祖国蓬勃发展的农业科技事业。

陈凌风于1948年6月筹建东北行政委员会农林处家畜防疫所(哈尔滨兽医科学研究所前身)并担任所长。1956年7月,在讨论成立中国农业科学院的准备事项中,他作为15人组成的"中国农业科学院成立大会报告起草委员会"成员之一,负责有关筹建工作。他先后担任华北农业科学研究所副所长、兼任中国农业科学院畜牧研究所所长、原农业部畜牧总局副局长等职务,从事畜牧兽医科学研究和技术行政领导工作60多年,组织领导了消灭牛瘟、防治炭疽等重要科研攻关项目。

在哈尔滨兽医研究所工作期间,陈凌风大力推动针对牛瘟的科学研究,主持兔化弱毒研究,创制反应疫苗,制定两者结合使用的综合防疫措施,并组织大面积预防注射,使东北和内蒙古东部地区于1951年扑灭了牛瘟,还派出防疫队协助前察哈尔省扑灭了牛瘟。随后他又指导牛瘟绵羊化兔化弱毒疫苗的研制成功,该疫苗广谱安全,在敏感牛(牦牛等)地区得到大力推行,直至1955年全国彻底消灭牛瘟。他还组织参加了猪瘟兔化弱毒疫苗的研究工作,所研制出的疫苗对控制猪瘟的发生和流行起了决定性作用,被许多国家引进应用。

多年来,陈凌风坚信实践出真知,无论是边陲还是荒漠,都坚持到基层一线获取一手资料,甚至在70岁高龄时,

哈尔滨兽医研究所的陈凌风铜像

仍三上青藏高原，大部分的路途还是骑马或步行。陈凌风曾任第三届全国人大代表，获"国家有特殊贡献的科学家"等多项荣誉称号，两次获得剑桥大学20世纪精英奖。陈凌风一直关心支持哈尔滨兽医所的发展，2008年建所60周年之际，陈凌风不顾医生和家人劝阻，毅然以95岁高龄回到阔别已久的研究所参加活动。2015年，陈凌风因病在北京去世，享年102岁。2018年是哈尔滨兽医研究所建所70周年，师生们为陈凌风敬立铜像，并誉其为："凌云志展畜牧业，风范光照兽研人。"

中国农业科学院蔬菜研究所（后更名为蔬菜花卉研究所）成立于1958年，是当时蔬菜花卉学科唯一的国家级公益性专业研究机构。朱明凯担任中国农业科学院蔬菜所的副所长（主管全面工作，之后担任所长）。建所之初，科研条件十分简陋，只有几排旧平房，几台温箱、烘箱和显微镜。她参与研究蔬菜育种、病虫害防治和主要蔬菜的丰产栽培，鼓励科技人员蹲点农村，实地收集生产经验。1962年，中国农业科学院蔬菜研究所的建制在三年困难时期后重新恢复，朱明凯带着12位科技人员、12张桌椅回到中国农业科学院，筚路蓝缕，白手起家。她从蔬菜科技和产业发展的实际需要出发，逐步设立必要的研究室，配齐相关专业、学科人才。蔬菜所在她的主持下逐渐壮大，到1965年，已有职工105人，其中科技人员87人。在基础设施上，研究所设置了遗传育种栽培和贮藏、植物保护、生理研究室，图书资料室和档案室也一应俱全，使这个国家级的研究所初具规模。

在从事管理工作的同时，她也全身心投入中国蔬菜生产与科技发展工作。1962年，她组织有关专家研究编制了1963—1972年中国蔬菜科技发展规划，提出在今后的10年中，要抓好蔬菜地方品种资源的调查和整理工作，选育适宜鲜食、加工和抗逆性强的优良新品种，开展蔬菜生物学特性、露地和保护地栽培研究，贮藏保鲜技术和原理研究，良种繁育技术研究等。这些研究内容均编入当时国家科委编制的十二年科技规划中，对以后中国蔬菜科技发展，发挥了重要的指导作用。朱明凯以革命女性特有的坚韧意志和耐心细致，带领大家攻克一项项难关，在遭遇脊椎重伤的情况下，依然在家中的小温室坚持开展科研工作，精心培育多种珍贵植物。朱明凯曾任第三届全国人民代表大会代表、第五届北京市政协委员，1992年起享受国务院政府特殊津贴。1999年，朱明凯因病去世，享年88岁，她的事迹在研究所和农业科技战线广为传颂。

从怀揣理想奔赴革命圣地的激情，到投身革命建设白手起家的坚韧，再到为国为民解决一个个难题的责任，延安精神贯穿了陈凌风和朱明凯这对革命伉俪的一生。在他们眼中，延安精神就是为了党和国家的利益随时可以无私奉献，就是在各种困难面前永远保持乐观坚定，就是为了解决农业生产的实际问题不断冲向一线，正像他们常说的："人的一生何其短暂，只有信仰和知识可以永恒。"

在《诗颂十大红色专家》里有二首诗是歌颂他们一对革命伉俪的：

七绝·红色畜牧专家陈凌风

边区授命建光华，农畜园林共放花。
防治牛瘟疫苗酷，堪称红色牧学家。

七绝·红色蔬菜专家朱明凯

投身抗日赴延安，战地科研排万难。
推广番茄传美誉，进京建所再登攀。

延安兴农的多面手
——记中国农业科学院原党组成员方悴农

方悴农是我国早期的红色农学家，他1913年出生在浙江金华市武义县，原名方山，后改为"悴农"，他的一生正如他的名字，永远把农业发展和农民生活放在心上。他1938年在延安参加革命，1957年起参与筹建中国农业科学院和相关研究所，在接收、保护、传承、发展中国农业科学技术方面起到关键作用。他是中国"杂交水稻"科研项目总牵头人（命名人），为项目的研发成功及推广应用作出重大贡献。先后担任中国农业科学院作物育种栽培研究所副所长、党支部书记、总支书记，院办公室副主任，院党组成员等，无论在管理还是科研工作中，都为中国农业发展作出了巨大贡献。

枪弹中定报国志

1917年，方悴农的父亲方仁创办了金华地区第一所村级高等小学桐山学堂，聘请一批五四运动后的新潮知识分子任教，本村的农家子弟均可免费上学。方悴农5岁开始在学校旁听，度过了幸福充实的童年时光。12岁时，方悴农考入武义县城中培养教师的壶山讲习所，他利用假期回村在扫盲班授课，在农村生活中积累大量农学知识。毕业后，方悴农不甘心成为乡村教师，在家务农的同时学习木工和裁缝手艺。

1928年，桐山学堂成为中国共产党的红色活动中心，方悴农积极参加党领导的反霸减租斗争。1931年九一八事变后，他又参加了"抵制日货"运动，在兵荒马乱的年代决心继续深造。1933年，方悴农考取浙江省立农业推广养成所（浙江农大和浙江大学的前身），其间创作了旨在挽救破落农村的书信体纪实著作《农村建设实施记》，在各大书局发行。

1935年7月，方悴农以优异成绩毕业，分配到浙江省建设厅，先后在农林改良场、稻麦改良场、浙江农业改进所等任农技推广员,走上以农报国的道路。他先后在《浙江建设》《新农村》等刊物发表论文10余篇,破格获得大学本科毕业文凭。

1936年方悴农在浙江吴兴县(今湖州市)纯系稻实施区任干事兼推广员

1937年七七事变爆发后,浙江省成立战时粮食管理委员会,方悴农被抽调到生产股工作。浙江是个严重缺粮区,杭嘉湖地区有很多冬闲田。他冒着空袭的危险,在两周内紧急编写《冬季作物栽培法》,并多次赴嘉兴战区指导冬季生产。

1937年11月,淞沪会战波及嘉兴,方悴农目睹嘉兴火车站遭到轰炸。逃到杭州后,他工作生活的建设厅早已人去楼空,按照告示前往金华报到后,他听说杭州农场的资料和仪器设备都没能按计划被押运出来,又义无反顾潜回一片废墟的杭州,将图书、仪器、种子等大量农科物资运往金华。方悴农从炮火中抢出来的,是当时浙江省农口唯一的农业资料、种子和器材。这些珍贵的资料和仪器,不仅对战时指导并扩大农业生产、保障队伍供给、稳定后方百姓生活作出了积极贡献,还为新中国成立后的农业发展打下了一定的基础。

第三章 以身许党的红色农学家

跨越山海赴延安

在枪林弹雨中匍匐前行，烈火烹油里淬炼本心，眼见哀鸿遍野，民生维艰，不抵抗政府却软弱无能，方悴农心中只剩一个念头，若要救中国于倾覆，救黎民于战火，只能投奔中国共产党。

在那个烽火连天的战争年代，延安成了代表着自由与希望、生机与光明的信仰圣地。诗人何其芳曾描述："延安的城门成天开着，成天有从各个方向走过来的青年，背着行李，燃烧着希望，走进这城门。学习，歌唱，过着紧张的快活的日子。"有人一到延安，就趴下来，亲吻延安的热土，涕泪长流。

1938年初，方悴农和他的两位伙伴从家乡出发，坚定不移地踏上了去往延安的漫漫长路。那时交通不便又关卡重重，他们一行三人一路坚持，终于找到了董必武先生的老乡，时任湖北省农村合作运动委员会总干事马伯援。马伯援听说他们要到延安去，十分爽快地为他们开了介绍信。三人拿着介绍信过江到南昌，在八路军办事处办理了到延安进中国抗日军政大学（简称"抗大"）学习的手续。由于盘查严格，到延安去的人概不放行，甚至有被扣留的风险，三人不敢将介绍信随身携带，生怕被盘查的人看见。方悴农在家乡时学过裁缝，把制服领子拆开，将介绍信放进衣服里，再一针一线缝回去，看不出一丁点破绽。

一路颠簸，1938年2月27日，三人抵达了西安。那天正好下了一场大雪，汽车停开。如此苦等了10多天，路面干了，三人才能

中国人民抗日军政大学历史图片

搭车往延安去。3月15日,他们终于来到了宝塔山脚下。就这样,紧张而充实的抗大生活在他们的期盼与憧憬中开始了。

抗大的前身是"中国人民抗日红军大学",于1936年6月1日在瓦窑堡建立,简称"红大"。1937年1月19日更名中国人民抗日军事政治大学,随中央机关迁移到延安,校址在清凉山。谨诵校训,铭记校风,坚持坚定正确的政治方向,谨守艰苦朴素的工作作风,方悴农和他的伙伴们在学校学习、在窑洞前种菜、在校舍边上自建营房。他们为成为祖国和人民需要的农科人才增长知识,积攒力量。投奔延安的青年太多了,抗大的校舍装不下,黄土高原就成了最好的教室。苍茫天地间,青年们将青春播种祖国的大地上,用汗水浇灌未来共和国的种子。

三十里铺建农校

从抗大学成后,方悴农出类拔萃的工作能力得到组织赏识,留在抗大校务部工作。1938年秋,中央组织部主要领导将方悴农调到陕甘宁边区政府建设厅任农业技师。再后来,方悴农受命筹建边区农业学校和农业试验场。

红军长征到达陕北后,为培养干部,先后在延安创办了抗大、陕北公学、鲁迅师范学校、边区中学、中国女子大学等,也曾想过办农校,但因为资金、人才、时间等问题未能达成所愿。

如今终于等到时机成熟,边区建设厅副厅长朱开铨受命主持筹建工作,方悴农任筹委会主任委员,和陈凌风、朱明凯等人一道工作。

农校的校址选在延安城南三十里铺的红寺遗址。遗址处的山梁荒草萋萋,五孔砖窑若隐若现,门窗破败、窑墙蜕皮,别说当校舍用了,就是连顿饭也做不了。学过木匠活的方悴农刚到窑洞就向老乡借来木工工具,就近取材割了些茅草,砍下树枝开始编扎窗户。方悴农、陈凌风与朱明凯齐心协力,终于让"校舍"生起了火,做熟了农校的第一餐饭。

第三章　以身许党的红色农学家

延安农校旧址

后来方悴农向上级申请，请来了十几个木工、石工和水泥工，学员和编制内的职员也陆陆续续来了。五孔旧窑和分散在四周的七八孔零星破窑的门窗都重归其位，窑内也做了修葺。方悴农指导师生们一边搭建校舍，砍伐木材、搬运石头、打土坯、烧石灰、装配木构件等，一边开垦荒地、平整土地、搬运实验设施，着手进行各种农作物、蔬菜的田间试验。

他白天是教师、农艺师、木匠、农夫，一人当好几人用。晚上也舍不得休息，一个人编写校对农校的所有教材，油印工作也由他包揽，先用钢板刻蜡纸，夹到油印框用滚筒油印出来，多面手忙得不可开交。在方悴农的带领下，师生们众志成城共建校园，一连4个月的辛苦工作初见成效。

农校的垦荒和种养也没落下，师生们一起动手，将校门前的缓坡地平整成梯级畦地，将其中沟东面的地块作为试验地，从本地和外地拿回各式各样的种子、菜秧苗种下去。还在门前的河沟边开垦了3亩地，种上一排排郁郁葱葱的水稻。

在艰苦的岁月里，学校师生拧成一股绳，攒起一股劲，建设自己的学校。校舍建成了，试验场建好了，中国的农科事业有了新的里程碑——延安农校。

农校开学后,陈凌风任农业试验场副场长兼畜牧股股长,方悴农任教育主任兼农艺股股长,朱明凯任园艺股股长。他们是这所农校的开拓者和耕耘者,是中国农业科学事业的探索者和先行者。

1941年,方悴农作为主要发起人之一,根据朱德指示组织30余人成立延安中国农学会,通过开展调查研究,为边区发展经济、开辟南泥湾等提出许多有价值的建议。中国农学会和延安农校教育培养的农科人才们在农业科技的发展中开枝散叶、发光发热。

方悴农在延安期间工作照

农业贷款领路人

1942年8月,延安农校完成三期学院培训使命后,由于生源、场地等各方面原因,与边区工业学校合并,成为边区职业学校的农科,并放弃七里铺校址,搬到了宝塔山下。

农校合并后,方悴农调任边区银行农贷科长。陕甘宁边区银行旧址位于陕西省延安市宝塔区南关市场沟,1937年10月1日,由苏维埃银行西北分行改名而成。1941年11月,边区银行大楼落成,边区银行业务也逐渐走向健全完备。银行贯彻党中央"发展经济、保障供给"的财政经济工作总方针,艰苦创业,筚路蓝缕,促进了边区经济的繁荣发展,保证了金融秩序和物价稳定,是革命战争、边区建设和战略总后方的中流砥柱。

发放农贷,支持农村经济发展,是边区金融工作的重心之一。方悴农就在这样的情况下,来到了边区银行,担任农贷科的科长。

彼时的中国农村,机械化遥不可及,耕牛是最先进的生产资料。虽然边区政府已经出台了免税等"休养生息"政策，耕牛的价格因政府调控而有所下降，但还是有很多贫困家庭的农民买不起耕牛。针对这一问题，方悴农提出必须大量发放耕牛贷款。

方悴农将耕牛的农贷分成三类：一类是"政府拿身身，自家拿袖袖"，即政府出大头，自己出小头；另一类是"自家拿身身，政府拿袖袖"，就是大小头倒过来；最后一类是鼓励成立合作社，大家凑钱买牛，凑劳力轮流给各家耕种。他还站在群众的立场上，提出了"折实偿还"政策，类似"不变价"原理。对农民来说，今年借了50斤粮

1992年方悴农参加陕甘宁边区银行纪念馆开馆仪式

食的钱，到来年归还时既可以还钱，也可以还50斤粮食，跟50斤粮食等价的棉花、种子等物资也同样可以抵偿。这样一来，农民再也不会因为市场上粮食或棉花的价格波动而在贷款上吃亏赔钱。边区的耕牛问题，就这样顺利地解决了。

边区农贷执行过程中因地制宜，在品种、形式与流程等方面都有创新与突破，方悴农等巧妙运用金融杠杆原理，通过耕牛贷、植棉贷、种子贷、农具贷、青苗贷等解决农民生产困难，并吸纳了大量的民间资金投资农业和畜牧业，使边区的生产资料日益丰富，生产关系日益融合，生产能力大幅度提升。渐渐地，延安的农业生产力大幅提高，不仅能够满足伤病员的营养供给，还能支撑革命队伍的不断壮大，一扫前线部队后顾之忧，为抗战及解放战争胜利提供了保障。

1994年方悴农与延安老战友合影

杂交水稻谱新篇

新中国成立后，方悴农在华北农业科学研究所工作，兼任山西省农业科学工作委员会副主任，大部分时间组织率领农业科学工作队在山西蹲点，开展农业区域化调研和技术推广，服务于农业生产，在全国范围内起到模范带头作用。1957年3月，中国农业科学院成立，方悴农调回北京负责筹建作物育种栽培研究所，并担任副所长、党支部书记、党总支书记。

20世纪70年代初，方悴农受命协调完成"水稻雄性不育系"研发任务，便立即投入到紧张的组织协调工作中。方悴农带领的科技攻关大协作团队，要解决的问题是将水稻从"两系法"向"三系法"推进。大协作团队的好处，是所有的试验成果可以共商共享。方悴农给这支由中国农林科学院牵头，中国科学院及有关科研单位、全国19个省份科研机构参与的万人团队，建立了这种"共商共享"机制，方悴农的主要任务是做好大协调服务。在国务院支持下，人财物全部到位。数据、资料、种子，毫无保留交流交换。每年召开一次攻关技术交流会，共同提升。

1973年，水稻三系育种完成，中国的杂交水稻成功了！本来一个团队要花三年、五年甚至十年、二十年才能做到（可能也不一定做到）的事情，万人百团，集中优势兵力、整合资源，一年就做到了。

最高兴的是农民，他们说："中华人民共和国成立以来农业增产的办法很多，但不是要多花力气去搞密植，就是要多花钱买稻种、化肥、农药，只有杂交水稻，不用多花钱多出力，轻松高产夺丰收！"攻关项目首次破题后，要将科研成果上报，但"水稻雄性不育系、保持系、恢复系及组合"这个名字实在太长，方悴农提议："就叫'杂交水稻'①吧。"大家一致同意。

南方十三省，是杂交水稻推广的主要省份。方悴农忙着深入实地调研，忙着开现场会推广成功经验，忙着提出改进建议。他在做了大量的调研工作后，在总结了各方建议意见的基础上，向农林部主要领导提交了《我国南方迅速发展杂交水稻的情况》，建议召开规模更大的现场会，大面积推广杂交水稻。1978年1月，中共中央召开普及大寨县工作座谈会，提出在1980年普及杂交水稻任务，要求各地切实加强领导、培训骨干、全面布局、打好样板、总结经验，从思想上、组织上、物资上做好准备，迎接杂交水稻发展新高潮。至此，中国杂交水稻进入新的发展格局。

"杂交水稻获国家特等发明奖了！"所有参加这项工作的人都沸腾了，这是新中国首个国家发明特等奖。跟其他科技奖项一样，要明确一个领衔人。颁奖单位征求方悴农意见，"这不仅是个人荣誉，也是国家荣誉。可以确立中国杂交水稻学研究处在世界的领先地位。"颁奖单位负责人说。"袁隆平，"方悴农说，"是他最早研究，也是他将所有资料贡献出来才加快了成功的步伐，包括最近几年，无论是研发还是推广，他都做了大量工作，取得了有目共睹的成果。"

1981年6月6日，国家科委、国家农委联合召开科技大会，授予全国籼型杂交水稻科研协作组袁隆平等人特等发明奖。由方悴农代表科研协作组在

---

① 2014年袁隆平团队回归"两系法"研究并破题，水稻亩产突破2000斤后对"杂交水稻"下了具体定义。

大会上发言。发言中，方悴农将杂交水稻在短期内突破归功于"大协作"机制："既有个人的钻研和努力，又有集体的力量和智慧。尤为可喜的是，所有参加协作研究的单位，都表现了高风格、高姿态，摒弃了互相封锁、互相保密的剥削阶级自私自利的陈腐思想作风。无论在一年一度的协作会议上，还是每年秋冬在广西、海南的南繁过程中，彼此都毫无保留地互相交流经验教训，无条件赠送最宝贵的试验材料。各协作单位还能根据本单位的特长，主动承担有关研究课题。"

最后，方悴农提出"杂交水稻还有缺点和不足，还需要我们继续努力去改进提高，特别是在选育强优势的早稻、多抗性的晚稻，发掘更好的不育细胞质源，提高制种产量和基础理论研究等方面多下功夫，早日做出新成果，发挥更大的增产作用。"

颁奖大会结束后，奖状挂在中国农业科学院，奖章给了袁隆平，而10万元奖金则按贡献大小分发给协作团队相关人员。方悴农领到3000元，全部分给中国农业科学院相关人员，自己一分都没留。

2007年方悴农（左1）与袁隆平在悴农图书楼前合影

悴农报国建新所

早在1950年，方悴农和华北农业科学研究所科技人员就有创建水稻研究所的愿望。因为新中国刚成立，百废待兴，一直没有提上日程。1978年3月，中国农业科学院恢复建制，方悴农任党组成员、科研管理部主任。筹建全国水稻研究所的话题被重新摆上议事日程。

1980年2月，由国际水稻研究所和中国专家组成联合考察组，分别考察了广东、湖南、浙江三省的建所条件，并提交联合考察报告。在关键的选址问题上，联合调研组看了三个城市三个点，各有各的好、各有各的缺陷。浙江杭州市辖区内富阳县（今富阳区）的皇天畈国有农场，有连片350公顷稻田，如果能够收回五七农场40公顷稻田，面积勉强符合要求。

1981年6月，选址方案报国务院，国务院同意将地点定在杭州，经过调研组反复考察研判，地址定在离杭州市中心34公里处，与皇天畈国有农场连片的渔山人民公社。

方悴农负责中国水稻研究所筹建工作。这片土地属亚热带气候，与河姆渡遗址仅一江之隔，7000多年前，人类已经在这块土地上播种收割，是最具中国水稻特征的稻田。这里，也是方悴农年轻时最淳朴的"悴农报国"理想萌芽地，是方悴农建起世界一流水稻研究所的梦想地……1989年10月中国水稻研究所落成，如今已发展为以水稻为主要研究对象的多学科综合性国家级研究所。

1983年5月，70岁的方悴农退居二线，仍在中国农学会常务副会长兼中国农民大学校长的岗位耕耘10余年，积极组织社会力量，促进农业现代化建设。

2013年9月15日，方悴农与世长辞，享年101岁。9月24日，中国农业科学院在八宝山为这位鞠躬悴农的"中国共产党的优秀党员、中国农学会原

20世纪90年代方悴农（右2）考察水稻生产

常务副会长、中国农业科学院党组成员"举行了告别仪式。

方悴农去世后，他的事迹依然在农学界广为传颂。早在2006年，方悴农就亲自整理历史资料，其个人文集《情系三农七十年》由人民日报出版社出版。2021年，《方悴农传——红色农学密码》由人民日报出版社付梓出版。

从小躬耕农事，长大立志悴农。从陶宅到杭州，从延安到北京，方悴农为国谋粮之意真切，赤子之心永恒。在《诗颂十大红色专家》中用四句诗文高度概括了他光辉的一生：

自幼耕读名悴农，延安办校立奇功。

边行农贷支前线，接管华科又走红。

勘察南泥湾的农校教员
——记中国农业科学院原党组副书记、副院长林山

林山，生于1914年3月，广西壮族自治区容县人。他的一生，为革命艰苦奋斗、始终如一，为农业科技，鞠躬尽瘁、功绩长存。他在黄土高原的土地上，播种下为农学为国家的种子；在北方高地的烈风里，锤炼了坚定不移迎难而上的意志品质；在南泥湾的山林树木中，发现了此后一生为之奋斗的目标——兴农业，衣食足，兴农学，谋发展。1959年9月，林山到中国农业科学院工作，先后担任院秘书长、院党组副书记、副院长等职，开始了农业科研事业的组织和领导工作，为农学研究和农业技术推广以及中国农业科学院的发展作出重要贡献。

走遍农田　把根扎在实践里

眉毛浓黑，朗朗舒展，眼睛明亮，奕奕有神，林山来到延安之时，正是意气风发又踌躇满志的少年锦时。1935年，他从北平大学农学院毕业。在一腔报国热血的驱动下，1940年6月，他几经辗转来到了当时环境艰苦、生活困难的延安。

延安的生活刚刚开始，林山就被其所见所闻深深震撼，无数共产主义战士前仆后继、视死如归；千万平民百姓夜以继日地辛勤劳动，斗志昂扬。他的心中坚定信念，将与他们同行，将与他们共苦。

青年时期的林山

可对于刚踏上革命长路的拓荒者，前进时难免有崎岖之途。在自述中，他困惑写道："对当地的农业实际情况一概不明，已知的农业技术讲解给当地学员又听不进、用不上。"一方面，农民劳动缺少大量基本的农业设施，导致

农民进行农业生产活动时效率低下，产量严重不足；另一方面，大部分农民缺乏专业的农业知识，对农作物的生产管理和维护没有进行有效解决，极大影响农作物的生长和储存，降低了粮食的利用率。少年豪情自然不会被这些小困难影响分毫，他被"干部们为人民服务、艰苦奋斗的思想作风""群众投身生产建设和抗日救国时的巨大力量""与旧社会、旧作风截然不同的新鲜事物"深深鼓舞，怀着坚定的斗争信念，将青春岁月播向边区的山山水水。他学习当地农民方言，简化有用的农业专业知识，建造军民一体课堂，为农民答疑解惑、传授知识。面对艰苦的条件，他将一天当两天用，白天奔波在劳动的路上，晚上挑灯写稿，为农民实际问题提出解决办法。短暂的时间里，窘迫的农业生产活动渐有改善，走向胜利的每一步都格外扎实。

除了钻研农业生产之外，他还投入边区的人才培养工作中，1941年到延安自然科学研究院任教员。延安自然科学研究院诞生于遭到经济封锁的陕甘宁边区。1938年末，国民党发动第二次反共高潮，封锁边区、削减对八路军的补给，致使边区日用物资极度匮乏，人民生活青黄不接。在这样的历史条件下，发展边区的农工商业，实现经济发展的自给自足成为新的历史任务。

发展离不开人才与技术，1939年5月，为了培养科学技术干部、发展科学技术事业，中共中央决定建立延安自然科学研究院，第一任院长是当时中央主管财经工作的李富春同志。那时条件有限，基础落后，校舍均由窑洞改建，后来才有资金，修建了一座两层高的石制房，用于科学实验和藏书。起初，同学们常在没屋顶的教室内上课，没有桌椅坐的时候就席地而坐。后来，第二任院长徐特立发动师生就地取材，改造废弃的木板，自己做成小板凳小课桌。其他教学资源也是一样，学院授课的教材很多也都是在校教师自己编写制作的。

1940年春，延安自然科学研究院更名为延安自然科学院，成为拥有大学本科和预科以及附中的学院。徐特立为延安自然科学院的发展建设倾注了大量心血，他根据边区实际情况提出教育、科研、经济建设"三位一体"等办学思想，并在实际办学过程中进行了可贵的探索，师生们边学习边实践，为抗战建国和建设边区军工及工农业生产作出了卓越的贡献。

1940年，学校分设机械工程科、化学工程科、农业科、林木科和土木工程科。1941—1944年，院系调整设置为物理系、化学系、生物系和地矿系。每门科目都有专门的任课教师。除林山外，曾在生物系任职的老师还有乐天宇、康迪、徐纬英、郝笑天、张垦等人，负责教授学生土壤学、植物学、植物生态学、气象学、植物病理学等课程。自然科学院在延安办学近6年，500多名专业学生完成学业，投身革命事业。解放之后，这些毕业生战斗在全国的各行各业，许多人成为了新中国的大用之才。

在自然科学院工作期间，林山任班主任，教学科研都不曾废弛。在徐特立的影响下，林山经常带领学生深入边区山川，进行实地考察，关注边区的地质、土壤、洪水等问题。如此醉心实践考察，产出成果亦有目共睹。1941年10月，他在《解放日报》上发表了名为《边区的黄土》的考察报道，介绍边区地质与土壤情况，并提出耕作与改良土壤的方式方法。文中提及相互交错的砂岩页岩、河床上沉积的鹅卵石、树木拦截而成的黄土沙带、经河流冲刷裸露出来的红色土层，字里行间沁透着他细致入微的观察，皆是他无言却有功的足迹。1941年11月，他又发表了《谈谈洋芋》这篇文章，全面介绍了洋芋的基本情况、营养成分、利用问题、加工方式，行文简明扼要又通俗易懂，数据清晰准确又对比鲜明，所知所学于报纸上传递开来，播撒向边区的土壤与人民的心中。他还对大豆进行品种改良，提高了单产，并进行科学实验和分析。

在延安时期，林山不仅关注科学研究，还对徐特立的科学教育思想进行了深入研究。他认为我们不仅要把握全国的政治方针，还应该把握全国科学和技术发展的方针。他提出要把无产阶级革命精神和力量加强起来，配合前进的政治力量，以建设新民主主义的新中国。

林山以其突出的工作能力与优良的个人品格获得了徐特立老先生的认可。徐特立将自己的义女徐乾介绍给了林山。两人结为夫妻。

林山（右2）与徐特立一家合影

穿山越林　考察发现南泥湾

无论是平原田地还是水河山川，始终将实践摆在第一位的林山，几乎在边区的每一寸土地都留下了他埋头调研的影子。边区的阳光穿过树叶缝隙，在黄土上投下斑驳的树影，那时候，一众年轻而热血的青年穿梭在山林黄土之中时，也许从来没有想到过，他们会发现南泥湾。

"平川稻谷香，肥鸭遍池塘。到处是庄稼，遍地是牛羊"，这首创作于

第三章 以身许党的红色农学家

1943年的《南泥湾》的歌谣唱出了陕北好江南，秧苗青翠，林木茁壮，是延安青年青春力量的化身。但当时的南泥湾并非天然如此，地方志中记载的南泥湾荒芜惨淡。

国民党封锁，边区贸易断绝，经济发展举步维艰，人民群众缺衣少食。发展农业生产，使边区军民不再饿着肚子战斗，是边区所有农牧业工作者最大的心愿。可是作物的产量亦有局限，人力如何精耕细作也无法突破自然规律。边区的农业需要更多的土地，众多热血青年都投入这场发展生产的战斗。

1940年6月，中共中央财政经济部组织的一项重要考察活动发布——陕甘宁边区森林考察。6月14日，在边区政府建设厅任职的乐天宇主持考察，带领林山、江心、郝笑天、曹达及农校一届毕业留校工作的王清华，一行6人从延安出发，经南三十里铺，西南行上九源山高峰，考察森林分布形势。他们顺着桥山山脉和横山山脉进发，东至固临、西至曲子、南至淳耀、西北到志丹，在九源、洛南、华池、分水岭、南桥山、关中6个区，进行了为期47天的考察，于7月30日返回延安。

对林山而言，这次考察也是下乡工作，在思想意识和生活作风上给予他很好的历练，对陕北的实际生产情况得到了进一步了解。同时，这次考察共收集到各类重要标本2000多件，掌握了南泥湾、槐树庄、金盆湾一带生态环境和自然资源，汇总写成《陕甘宁边区森林考察报告》，这份报告是目前所见第一份提出垦殖南泥湾的文献。当时任中央财政经济部部长的李富春在1940年8月22日评价该报告为"虽其中有再加考虑与研究之点，但已成为凡关心边区的人们不可不读的报告，已成为凡注意边区建设事业的人们不可不依据的材料。"

边区农校将《陕甘宁边区森林考察报告》及开发南泥湾的建议向李富春作了汇报，这份重要报告随后报向党中央。毛泽东看过这份报告后，立即将乐天宇请到了自己的窑洞里。乐天宇向毛泽东汇报,在这次的考察中,路过延安县(今延安市)南部时,团队发现了一个"烂泥湾",方圆几十里,似乎可供开垦,正是边区所需要的新土地。这份报告令毛泽东舒展了双眉,立即请乐天宇和党中央办公厅的几位同事一起再度前往,进行更仔细充分的考察。

南泥湾曾是回族人民的聚居地,后逐渐荒芜成为人迹罕至的"烂泥湾"。经过反复考察,林山等人一致认为南泥湾是一片值得垦荒开发的产粮宝地,迅速草拟了开垦计划。随后,在毛泽东"自己动手,丰衣足食"的伟大号召下,一场轰轰烈烈的大生产运动就在延安如火如荼地开展起来。生活充满希望,人民充满干劲,与土地作战的过程被谱写成歌谣。《开荒》《播种》《锄草》《收割》——《解放日报》在1943年4—5月刊登了南泥湾生产四部曲,高昂的曲调和铿锵的乐章伴随高举的锄头与挥舞的镰刀,充分展现了农业的发展与人民的力量。

延安革命纪念馆中的油画和雕塑

"烂泥湾"变回南泥湾,丰收的季节到来了。"这是中国历史上从来未有的奇迹,这是我们不可征服的物质基础。"1942年12月,毛泽东在陕甘宁边区高级干部会议上作报告,对大生产运动的情况与经验进行了全面系统的总结。

边区农业蓬勃发展,蔬果粮食新品种产量高质量好,牲畜在疫苗的保护下也被养得膘肥体壮,"烂泥湾"在军民合力开垦下也变成了生机勃勃的南泥湾。漫山遍野满眼绿色,瓜果累累处处飘香,边区农业迎来了一个又一个丰收。

鞠躬尽瘁　半生勤勉为农科

解放战争打响后,32岁的林山奔赴东北战场,参加剿匪反霸斗争,巩固东北后方,保护人民战争的胜利成果。同时,他发挥专业所长,努力发展东北农业生产,刻苦钻研未学过的亚麻纺织专业,全力恢复东北植棉事业,积极筹备建立东北纺织工业局,他为东北植棉事业和纺织工业的建立与发展作出卓有成效的工作,受到了上级的赞扬。

新中国成立后,林山长期在各地担任农业生产的领导工作,先后在广东、广西任农林厅副厅长、厅长。他全面贯彻党的农林方针政策,经常深入基层,及时发现农林生产中的主要科技问题,组织力量进行研究,使广东、广西的农林生产得到了长足的进步。他善于学习,求知欲强,科技知识广博。1958年10月到广西科委仅半年时间,就掌握了工业、医学及其他新技术等方面的基础知识和发展方向,为广西的工农业发展作出了积极贡献。

1959年9月,林山奉调在中国农业科学院从事组织领导工作,先后担任院秘书长,院党组副书记、副院长等领导工作。他几十年如一日,勤勤恳恳,精益求精,为农业科研机构的建设和科研队伍的壮大呕心沥血,贡献突出。

在担任院秘书长期间，林山分管国际合作与交流，他曾多次率团参加社会主义国家农林业科学工作协调会议，为我国争取到一批农林合作研究项目。他还先后访问过苏联、保加利亚、罗马尼亚和朝鲜等国家，并接待过世界许多国家的农业访华团，为国际交流合作作出了积极贡献。

1960年林山（左3）陪同徐特立视察蜜蜂研究所

林山还长期兼任中国农业科学院图书馆馆长和中国图书馆学会理事，为把中国农业科学院图书馆建成全国农业文献收藏、整理、报道、检索、利用和业务指导中心、更好地为农业科研、教学和生产服务，他尽心尽力做了大量的组织领导工作。

林山具有高度的政治觉悟和坚强的党性。在"文革"期间，曾遭到不公正的待遇，但他对党对社会主义事业仍然保持着坚定的信念。他多次赴韶山、延安调查，关心革命老区群众的生活，要求中国农业科学院科技人员做好扶贫工作，改变贫穷落后的面貌。

1978年，党中央召开全国科学大会后，他被任命为中国农业科学院党组成员、副院长。在党的十一届三中全会精神的鼓舞下，他和其他院领导一起，积极地进行了中国农业科学院的恢复整顿工作。在加强党的建设，收回下放的研究机构，开展科学研究，调集大批科技人才，落实党对知识分子的政策等方面做了大量卓有成效的工作。同时，他组织全国重大科研项目协作，召开杂交水稻、耕作改制等一系列专业会议，还组织制定了《1978—1985年全国农业气象科技发展规划》。

1981年4月，林山当选中国农学会气象研究会第一届理事会理事长，成为气象研究工作的重要领头人，团结全国广大农业气象工作者，开展诸多有益学术活动，操持推动我国农业气象事业发展。他还主持编写了《中国稻作学》一书，组织中国农业科学院和全国水稻主产省的70多名专家、教授，历时三年共同编写完成，为促进我国水稻科学研究和生产发展起到了重要作用。

离休后，林山仍然认真学习马列主义、毛泽东思想和邓小平理论，始终关注着国家经济改革和农业科学研究事业的发展。1994年6月16日，林山因病在深圳逝世，享年80岁。走过一生斑斓风景，踏过祖国山林田地，徜徉水稻棉田，醉心文献案牍和农业图书馆建设，林山一生求真，艰苦奋斗，廉洁奉公，以身许国。《诗颂十大红色专家》对林山的光辉业绩给予高度的赞扬：

北平辗转到延安，科考开发烂泥湾。
生产教研均奉献，图书馆建创新篇。

战斗在敌后的遗传学家
——记中国农业科学院作物育种栽培研究所创始人之一祖德明

1957年9月,中国农业科学院作物育种栽培研究所在华北农业科学研究所作物系和发育生物系的基础上建立起来,作为主要创始人之一的祖德明担任副所长,1960年升任所长。1941—1949年,他担任晋察冀边区参议会的参议员和华北解放区的人民代表。1957—1980年,他二十年如一日深耕农业科研工作,为中国农业科学院的发展与中国农业科技的进步作出卓越贡献。曾当选第三届全国人民代表大会代表、北京市第五届政协委员,担任过中国农学会理事、中国遗传学会副理事长、中国科协委员等。无论是科学研究,还是领导管理,祖德明的工作作风与道德风范一直指引着农科人不断向前。

矢志报国 初心不改

1905年4月9日,祖德明出生在河北省易县的一个农民家庭。纵使家境贫寒,青云之志不坠,他一直勤奋刻苦,用功读书。中学毕业时,他以第一名的成绩考取河北大学农科,毕业后留校任教。1930年,作为河北大学的教师代表之一,25岁的祖德明随队前往日本参观。

参观结束后,祖德明留在东亚预备学校学习日语。参观时接待他们的东京帝国大学农学部农业化学系孙吉人教授推荐他进入东京帝国大学进修。于是,他开始在农学部遗传育种教研室进修,研究细胞学。

祖德明旧照

他踏实肯干、实事求是，在进修中学习石蜡切片技术，制作出的切片十分清晰。在日本期间，他撰写了两篇论文，发表在日本《遗传学》杂志上。其中《兄妹配偶之场合杂种自然固定之公式》属于数学推理著作，公式完整，结构简明，应用广泛。他还是最早开启油菜胚芽学研究的中国学者。

1936年，祖德明带着知识与技术归国，回母校河北农学院任遗传学教授，继续遗传学研究。1937年，七七事变爆发，战火很快扩大到冀西一带。祖德明的老家易县也没能幸免，县乡的一些士绅与当地旧衙役为求自保，想要拉上祖德明投敌求荣。但祖德明忠于祖国的心未动摇半分。因为接受了高等教育、了解到先进思想、已然能够独立前瞻思考的祖德明知道，只有中国共产党，才能救中国。

1939年冬春交际，晋察冀边区政府发来电报，邀约他去边区参加革命工作。他没有半点犹豫，离开年过七十的父母，暂别妻子和年幼的女儿，在翌日清晨踏上了前往晋察冀的道路，准确而果断地分辨出民族复兴、国家独立的光明大道，坚定地走向了革命的未来。

立定边区　发展农业

祖德明来到晋察冀边区政府工作，他先后在实业处、农林牧殖局等机构工作。边区政府在阜平，冀西一处偏僻贫瘠之地。这里原本耕地就少，土壤也不肥沃。国民党反动派持续封锁，日寇接连扫荡，粮食严重短缺，连野菜也被挖尽，甚至到采摘树叶为食的境地。晋察冀军区政治部发布训令，要求部队所有的伙食单位，一律不准采摘杨叶、榆叶，也不准在村庄周围挖野菜，这些东西要留给驻地群众。人民子弟兵绝不能与民争食。

在这样艰苦的条件下，发展农业就成了边区政府的第一要务。1940年起，边区政府设立了8个专区农场，大力促进发展，以保证密集的边区人口能够吃饱穿暖。农学出身的祖德明担起责任，常常挨个农场巡查督促，指导生产，扎根农田研究和解决农民在生产中的问题。

那时敌人扫荡村落，烧房、抢粮暴行累累。为了尽量避免人民的损失，祖德明在对敌斗争中研究出粮食地下埋藏、马粪孵鸡、房屋防烧等一系列实用技术，并指导边区民众实施，最大限度地挽救了边区农业生产，明显减少了边区人民在敌人扫荡中的经济损失。

在保护珍贵生产成果的同时，发展生产力的工作也在有序进行着。祖德明经过调研发现，边区农业生产的桎梏一在干旱，二在病害，他找准问题，逐个击破。

旱灾频发，播种时间常被迫后延。祖德明多管齐下，组织大家开渠凿井，改善水利；浸种催芽、改进耕作；这些措施有效增强了边区居民抵抗旱灾的能力。面对大麦小麦黑穗病造成的严重减产，祖德明在没有药剂的情况下决定推广温汤浸种的方法，克服温度计短缺的困难，研发出"两开加一凉"①结合烧香计时的配水方法。枣树是边区人民重要的食物来源，但常受步曲虫（尺蠖）为害而减产。受生产条件所限，打药除虫的方式无法普及，祖德明根据雌蛾无翅的特点，采用多种简便方法阻止雌蛾上树，取得较好成效。推广抗灾办法与病害防治手段的工作直接惠及民众生活，提高农产品产量，受到了边区民众的广泛欢迎。

全区共设8个专区，每个专区都建起了一个农业实验场，专门进行作物育种和栽培实验，小麦、水稻、玉米等主要粮食作物的改良增产是实验场的重点研究目标。祖德明将"811""燕京15"等谷子、"白马牙""金皇后"等玉米以及美棉品种引进边区，在附近的村庄进行推广示范。在深入高粱、玉米等高秆作物栽培实践的基础上，提议合理种植，进一步扩大"青纱帐"作用。他组织实验场开展实验，显著提高甘薯产量，开展家畜的配种和良种繁殖，收到良好效果，边区民众有口皆碑，很是认可。

---

① 用两份开水加一份凉水，配成浸种所需要的温度。

有困必解，事无巨细，祖德明在边区农业生产的战斗中，指导和带领边区人民开展大生产，创造了一个又一个生产奇迹。其中有些技术措施沿用至解放后的一段时间，这些生产方式也成为了新中国成立初期老少边贫地区发展农业生产和科技的模板或基础。

祖德明注重总结和推广群众生产经验，组织开展科学实验，带领边区人民造林、护林、兴修水利，创建农场、林场、牧场等，在边区农业生产这场看不见硝烟的战争中，和其他为抗战和边区建设舍生忘死的专家们同舟共济，在祖国大地默默耕耘，与人民群众携手砥砺前行。

在当时抗日战争烽火连天、边区遭到封锁且生产水平低下的背景下，农业建设者的科学研究和技术普及已是极大的进步。他们需要克服的不只是自然环境，还要冒着枪林弹雨。那时如果有敌机来袭，轰炸村落，整个村子的人都不得不躲进防空洞中。防空洞依傍着原本的山体打造，狭长弯曲，就像一条隧道，洞内高低不一，需要躬身低头才能进去，两侧石壁冰凉，寒意不断向身体袭来。祖德明就经历过多次空袭，在1943年的一次敌机轰炸中，他的左臂不幸被飞散的弹片击中，此后半年多的时间里都活动不便，留下的大片伤疤经年不退。

全国解放　再开新篇

在惊涛骇浪中破风前行，在枪林弹雨里勇毅抗争，革命的曙光终于浮现天边，胜利的号角带来解放区的春天。

1948年解放后的晨光洒满阜平，曾经的边区政府调整，祖德明被派往保定农学院任负责人，后被任命为军事代表，随军接管中央农业实验所北平农事试验场。

1949年4月1日，陈凤桐奉命筹建的华北农业科学研究所正式成立。祖德明任华北农业科学研究所的副所长，兼应用植物学系（又称发育生物系）

主任，还分管园艺系和编译委员会。除了行政职务外，他主编《农业学报》《农业科技通讯》和《苏联农业科学》三种刊物。在他的带领下，应用植物学系将遗传学方面的应用基础研究视为研究的重点方向，并与中国科学院遗传栽培研究室合作开展了小麦阶段发育、棉花种间杂交等重要研究。

祖德明主持和亲自参加课题研究。第一项研究是茄子的无性杂交。他的研究工作证明了嫁接的确能够产生无性杂种，即发生遗传变异，还发现了变异会因嫁接方法的不同表现出明显差异，研究成果发表在《农业学报》（1955年第4期），之后被刊登在苏联《生物学丛刊》上。祖德明主持水稻远缘杂交研究，首先从水稻与高粱、玉米的无性杂交开始。在20世纪60年代初，团队选育出"硬秆青"等水稻品种，在四川西昌、贵州贵阳、安徽、湖南和京津等地开展试种推广。

1957年中国农业科学院成立后，祖德明历任中国农业科学院作物育种栽培研究所副所长、所长，还兼任中国科学院遗传研究所业务副所长。1961年，中国农业科学院精简人员，作物育种栽培研究所研究人员因此锐减。扎根实际工作的祖德明认为，人员的短缺将影响科研任务的顺利完成，从而影响农业生产发展。他及时向党中央反映情况，阐明实践工作需要，获得党中央的重视。1962年，中央工作会议决议加强农业科学研究，中国农业科学院的科研队伍得到相应加强。祖德明经常组织全所同志开展学术交流，分享科研报告、学习心得。根据国家《关于自然科学研究机构当前工作的十四条意见（草案）》（简称"科学十四条"）的规定，主持制定了作物育种栽培研究所《五定方案》，以确保科研工作的有序开展。

祖德明任所长后，仍主持和参加课题研究。1960年，他的研究主要是以水稻为母本与高粱等异属植物进行有性杂交。在他的带领下，课题组攻坚克难、坚持不懈，在一遍一遍地重复中得到了喜人的结果，证实水稻与高粱之间可以杂交，并获得了一批变异性状多样的类型，为后续对杂交后代进行多学科的综合研究开拓了道路。这个重要的阶段性成果在作物远缘杂交方面居领先地位,不仅能提供新的种质资源,也开辟了育种的新途径。祖德明和他的助手们在进行基础理论研究的同时,还着重利用高粱稻等新种质选育适于缺水地区种植的耐旱水稻品种,1989年,在他去世5年后,两个品种通过省级审定,并大面积生产种植,实现了他生前通过远缘杂交选育品种的夙愿。

祖德明(左3)与中国遗传学会第一届理事会同事合影

在担任领导干部职务的20余年中,无论在科学研究、机构建设、人才培养、成果转化等方面,祖德明都付出了辛勤劳动、作出了重要贡献。1978年,作物育种栽培研究所从北京市农业科学院(北京市农林科学院前身)收归中国农业科学院领导,他不顾年事已高、身体有恙,始终坚守在科研工作的一线,为所址的选择、人员的配备和科研任务的确定劳心劳力。1980年后,即便已经退居二线,他还是一如既往关心研究所的建设和发展,

1984年,祖德明因病在北京去世,临终时还念念不忘实验大楼的建造、

研究室和试验地的建设。他一生辛勤、一身坚守,从抗日战争走向解放战争、从边区走向解放区、从旧中国走向新中国、从衣食温饱走向社会主义现代化建设,祖德明始终站在科学研究的第一线,始终是革命与建设工作的排头兵,始终紧紧与人民在一起。

祖德明是我国较早从事植物远缘杂交遗传育种研究的科学家之一,为建立与发展中国农业科学院作物育种栽培研究所和中国科学院遗传研究所倾注了全部心力。他作风民主、待人诚挚、处事明智、生活简朴,他在人民心中留下了这样的形象;顾全大局、刚正不阿、认真负责、实事求是,他在工作中树立了这样的榜样。如今,他的音容笑貌仍在我们心中,革命的故事也将永远激励着后代农科人拼搏奋进。在《诗颂十大红色专家》中对他是这样赞颂的:

> 东渡求知造诣深,拒绝伪府入衙门。
> 阜平抗日从农业,作物科学领雁人。

第四章

艰苦创业的归国生力军

治理虫害的植保专家
——记中国农业科学院农业昆虫学家邱式邦

中国农业科学院植物保护研究所成立于1957年8月，在原华北农业科学研究所植物病虫害系和农药系的基础上成立，是专业从事农作物有害生物研究与防治的社会公益型科学研究机构。其中农业虫害研究室的主任，正是46岁的邱式邦，1951年从英国剑桥大学留学归来，自此开启了害虫防治研究工作的新征程。1980年当选为中国科学院学部委员（院士）。曾任农业部科学技术委员会常务委员、国务院学位委员会委员、联合国粮农组织虫害综合防治专家委员会委员、第三届全国人民代表大会代表。

刻苦求学　投身植保

1911年10月1日，邱式邦出生于浙江省吴兴县（今湖州市），1925年考取上海沪江大学附属中学，1931年考入沪江大学生物系，大学的最后一个学期，刚从康奈尔大学回国的昆虫学博士刘廷蔚开启了他对生物科学研究的浓厚兴趣。老师的悉心教诲和言传身教，对邱式邦毕生投身昆虫学研究产生了决定性影响，从此与植保工作结缘一生。

邱式邦1935年沪江大学毕业照

1936年，邱式邦进入中央农业实验所病虫害系任技佐。1937年全面抗战开始后，中央农业实验所向西南地区迁移，工作人员被分配到四川、贵州、湖南、广西等地建立工作站，26岁的邱式邦被分配到广西柳州沙塘工作站。沙塘地处郁江平原南端，国民政府时期，中央农业部农业推广繁殖站、广西农事试验场、广西大学农学院、广西高级农民职业学校等均设在沙塘，是一个集

第四章 艰苦创业的归国生力军

1940年邱式邦在广西沙塘的甘蔗地留影

1946年邱式邦（后排左3）在南京与中央农业实验所同事合影

教学、科研、推广于一体的农业科技中心，还办有刊物《广西农业》。邱式邦在这里有机会与农业化学、土肥、栽培等不同学科的同事合作，研究解决玉米螟、大豆害虫、甘蔗绵蚜、油桐害虫等多种虫害的防治问题，研究能力得到全面锻炼，并初步提出了"防重于治"的观点。他掌握积累了宝贵的第一手实验数据资料，以第一作者发表了16篇卓有见地的学术论文，做出了扎扎实实的成绩。早年这段独当一面承担科学研究的工作经历，锤炼了他的科研创新能力和科学研究素养，也为日后开展深入研究并战胜蝗虫灾害奠定了坚实基础。

留洋取经　心系祖国

1946年夏，邱式邦与同事们返回中央农业实验所南京原址，承担起治理蝗虫的研究任务。蝗虫是一种全球性的农业害虫，主要为害小麦、水稻、玉米等禾本科作物及芦苇等杂草，经常给农业生产和生态环境带来毁灭性打击。民国时期，蝗虫是最严重的自然灾害之一，特别是抗战之初黄河花园口决堤后，1400多万亩黄泛区为蝗虫提供了适宜的生存环境，连年的蝗灾让社会底层的劳苦大众生活在深重灾难之中。

行走在饥民遍野、满目疮痍的黄泛区，邱式邦心急如焚，苦苦寻找治蝗良方。1947年，农药六六六在英国研制问世，邱式邦第一时间将其引入中国，采用毒饵治蝗的方法在皖北获得成功，随后又首创了六六六粉剂治蝗技术，蝗虫死亡率达90%。他将心血之作《三种新兴药剂粉用治蝗之研究》发表在《中华农学会报》，但由于时局动荡，这些技术没能推广应用。

1948年，邱式邦选择继续深造，考取英国文化委员会奖学金，于翌年前往剑桥大学动物系攻读研究生。由于出国前正在研究飞蝗，邱式邦与系主任维格沃斯教授商定，继续研究蝗虫的生理问题，并在英国治蝗研究中心系统学习国际治蝗技术经验。他更加勤奋工作，每天早起拔青草喂蝗虫，认真记录各项数据，保证实验室的整洁，得到导师的欣赏。

1949年10月1日，新中国的五星红旗在天安门冉冉升起，这一天正好是邱式邦的38周岁生日，他在广播中听到这振奋人心的消息，内心充满对未来的憧憬。1951年6月，邱式邦在剑桥大学图书馆看到《人民日报》刊登的一条

邱式邦在剑桥大学实验室

邱式邦与朋友和房东合影

新闻,为应对飞蝗暴发,经朱德批准,人民空军出动5架飞机,在河北黄骅蝗区采用飞机喷洒六六六粉剂取得灭蝗成功。这样的事情发生在一穷二白、百废待兴的新中国,是多么地了不起。这条消息让邱式邦的内心久久不能平静,此时他的论文《非洲飞蝗的脂肪与蛋白质的变化》已经完成,正准备发表在英国期刊《昆虫学研究》,导师希望他留在剑桥继续工作。然而,想到祖国人民正在经受蝗灾的折磨,自

邱式邦在剑桥大学留影

己的研究成果已经有了推广应用的良好环境,他毅然决定放弃国外优厚的生活,回国加入治蝗斗争!

此时,华北农业科学研究所也正求贤若渴,面对治蝗的严峻形势,1950年从英国回国的植保学家齐兆生向所长陈凤桐力荐邱式邦,陈凤桐通过齐兆生诚挚邀请邱式邦到华北农业科学研究所工作。1951年9月底,邱式邦乘船经香港回到了阔别3年的祖国。行至广东时恰逢国庆节,广东省政府特别邀请他出席当地举办的国庆观礼活动,第一次仰望迎风飘扬的五星红旗,过往的苦难随雄壮的《义勇军进行曲》在脑海中重现,他眼含热泪、心潮澎湃,内心的自豪感和责任感油然而生。

科学防治　根除蝗灾

回国后,邱式邦首先深入天津蝗区调查蝗情,他从节约劳力和药械的角度,提出在有条件的地区尽可能采用毒饵治蝗技术。在1952年发表的《为什么提倡毒饵治蝗》一文中,他写道:"如何节省劳力是当前治蝗工作中迫

切需要解决的问题。1951年治蝗,仅河北一省就动员了2000多万个日工,捕打了4个月。这种巨大人力的动员影响了麦收、夏种夏锄、治蚜和其他农业工作。如何节省劳力,在现有的药械供应条件上扩大药剂治蝗的面积呢?我们认为利用六六六毒饵,在目前是一个最好的方法。"

毒饵治蝗技术是将六六六粉剂与麦麸等混合制成毒饵在蝗区

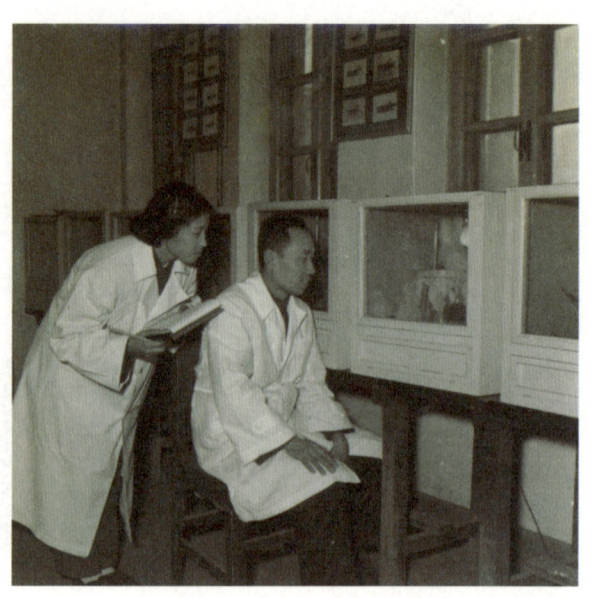

邱式邦观察蝗虫饲养情况

撒施的技术,这项省工、省药、简便易行的技术较喷粉法可多防治6倍的面积,节约至少一半的劳动力。在邱式邦的大力推广下,这种方法在极短时间内成为治蝗的主要方法。1953年,采用毒饵治蝗的省份由三省(山东、河北、平原①)扩大到山东、河北、江苏、安徽和河南五省,全年毒饵治蝗的面积达100万亩,占药剂治蝗总面积的43%。除防治飞蝗外,毒饵对土蝗、蝼蛄、蟋蟀等害虫也有意外效果,被农民誉为"一扫光"。

1953年,随着国产六六六的量产,国家的治蝗方针调整为"防重于治、药剂为主"。邱式邦发现,虽然药剂治蝗技术已十分成熟,但由于虫情掌握不好,往往错过最佳防治时机,或施用过晚造成作物损失严重,或施用过早造成人力物力浪费。为及时掌握虫情,邱式邦在1952年就提出了在蝗区设立长期侦查组织的建议,包括侦查队伍的组织领导、侦查技术、侦查制度等,其中侦查制度包括查卵、查蝻、查成虫三个关键环节,简称"三查制度"。

---

① 平原省是中华人民共和国成立初期设立的一个省级行政区,省会为新乡,1952年撤销。

由于蝗区大都是经济最为落后的地区，落实"三查制度"面临很多实际困难。蝗区面积达数千万亩，培养干部、大学生下去侦察，远水难救近火。邱式邦认为，还是要依靠广大农民，快速普及最关键的治蝗技术。蝗虫的一生分为卵、蝗蝻（若虫）、成虫三个阶段，其中蝗蝻又分为5龄，在翅芽尚未长出的3龄前期是灭蝗的关键期。此时蝗虫活动面积小、密度大、耐药力差，无论是扑打还是药杀都是最为经济有效的。邱式邦与助手李光博等在山东惠民、垦利、沾化、利津等县忙碌近半年，详细绘制出蝗区常见的各类蝗虫，通过识图、画圈的方式教农民侦查虫情，比如每平方米有5个蝗虫，就圈1个圈，有10个就圈2个圈。这种化繁为简的方法，让农民非常便于掌握。

邱式邦（后排右1）组建治蝗队赴青海开展工作

在各级政府的大力支持下，各地很快建立起固定的侦查测报队伍和架构完整的虫情预报网。"三查"技术体系建成后，治蝗工作迅速由被动变主动，防治效率大大提高，1953年全国投入治蝗的劳动力较1951年减少了80%，为国家节省了大量的人力、物力和财力，也同时开创了我国害虫预测预报的先河。

药剂治蝗的成功和飞蝗侦察制度的建立，彻底改变了全国治蝗工作的被动局面，新中国从此走上现代化科学治蝗的道路。毛泽东曾指出，新中国农业科学研究取得了两大成就：治蝗与消灭钉螺。邱式邦也因治蝗有功，获得农业部爱国丰产奖，并当选全国农业劳动模范。按照邱式邦提出的治蝗蓝图，随着盐碱荒地的开垦和水利设施的兴修，飞蝗发生面积由新中国成立初期的每年数千万亩缩小至数百万亩，邱式邦逐渐将研究重点由飞蝗转至土蝗和玉米螟，他仍警醒地告诫："我们对飞蝗问题仍不能放松警惕，在某些特殊年份，飞蝗还可能大面积发生，新的蝗区也还在产生。只要产生蝗害的条件依然存在，人和蝗虫的斗争就将一直继续下去。"1978年，邱式邦与李光博共同完成的《蝗虫综合防治研究》获全国科学大会奖。

苦中作乐　业界楷模

入职华北农业科学研究所以来，邱式邦带领科研小组在全国各蝗区长期蹲点调查，足迹遍及河北、山东、河南、江苏、安徽和内蒙古等地。蝗区的条件是非常艰苦的，白天下地查虫，晚上研究分析，吃的是面条配醋，住的是四处透风的破屋。然而，为了实现自己科研报国的理想，邱式邦从容面对各种困难，连续八年奋战在治蝗一线，这也成为邱式邦一生中最为充实和难忘的一段岁月。

沿海蝗区是我国蝗灾面积最大的地区，大都是盐碱荒地，人迹稀少，没有树木。在农业部植保局的支持下，邱式邦、李光博与当地农业局局长和一名警卫组成考察小组前往渤海湾实地调查。邱式邦写道："我们四人坐在车上，烈日之下，没有遮拦，汗流浃背。拉车的马也是一个劲儿喘气，还一路上遭到牛虻袭击，浑身流血。"

邱式邦（居中）在沿海蝗区调查虫情

在几个县调查十几天后，邱式邦选择在沾化县（今滨州市沾化区）富国镇蹲点开展深入研究。他们租住在当地卫生院的一间空房，每日早出晚归，一日三餐都在街上的一家饭馆解决，用水成为令人头疼的问题。盐碱荒地上的用水主要依靠雨水，干旱季节里，农民们在地上挖一个二尺深的坑，撒上一层拌有马粪和干草的泥土，进行简单的过滤。邱式邦每天可以从卫生院领到一小盆生活用水，"早起洗过脸把水留下，中午下地回来，汗流浃背，就用这盆水擦一擦，不能倒掉，晚上洗洗脚，还是这盆水。"

长期的农村蹲点让邱式邦对"三农"工作产生深厚的感情，也

邱式邦在实验室工作

养成了不图名利、不辞辛劳、深入实际、注重实践的工作作风。他率先关注到长期依赖化学农药所造成的诸多问题,提出综合防治的理念,"人们往往重视病虫发生后直接扑灭的措施,而忽略了自然因素(包括天敌)和各种农事活动抑制病虫的巨大潜力"。20世纪70年代以来,随着蝗虫、玉米螟等重要虫害的偃旗息鼓,邱式邦提出"预防为主,综合防治"的技术策略,1975年在农林部组织召开的全国植物保护工作会议上被确立为我国植物保护工作方针。他倡导生物防治与化学防治相结合,深入研究草蛉等天敌的保护利用,系统开展国外天敌资源的引入工作,为推动生物防治事业发展作出重要贡献。

邱式邦毕生献身农业科技事业,2010年12月29日,邱式邦在北京逝世,享年100岁。在70余年的学术生涯中,邱式邦为人正直,不唯上、不压下,始终兢兢业业、实事求是,他的科学风范成为一代代农科人学习的楷模,他在《院士风采录》中自提的"广泛地学习、详尽地询问、谨慎地思考、清楚地辨析、切实地实现"正是他一生治虫安邦、鞠躬尽瘁的真实写照。

2021年敬立于中国农业科学院植物保护研究所的邱式邦铜像

开拓创新的核农学家
——记中国农业科学院原子能利用研究所创始人之一徐冠仁

徐冠仁的一生，是科学探索的一生，是献身祖国农业现代化事业的一生。1956年，徐冠仁放弃美国的优越条件，毅然回国，成为我国核农学的奠基人。同时，徐冠仁也是中国农业科学院原子能利用研究所的创始人之一，他积极倡导并筹建了我国第一个原子能农业利用研究机构——中国农业科学院原子能农业应用研究室（1960年发展为原子能利用研究所），并历任研究室主任、副所长、所长、名誉所长，带领研究所建成全国核农学领域科学研究、学术交流和国际合作的中心，推动我国核农学的发展水平进入国际先进行列。1980年当选为中国科学院学部委员（院士），曾任中国科学院生物学部副主任、代主任。

求学立业　开辟抗病育种新途径

1914年3月7日，徐冠仁出生于江苏南通一个普通家庭，父亲是数学老师，收入十分微薄。他自幼刻苦学习、成绩优异，1930年6月从江苏南通学院附属高中毕业，荣获奖章和奖状，升入南通学院农科学习。1931年，他转入国立中央大学农艺系，1934年获学士学位后，因成绩优异留校任农艺系助教，在"中英庚款"的资助下，从事水稻遗传研究，并教授稻作学，继任讲师、副教授。他的同班同学蔡旭、俞启葆等都是当时从事稻、麦、棉研究的优秀青年科技工作者。

1946年，徐冠仁获得美国明尼苏达大学研究院奖学金，赴美攻读博士学位，主修遗传学。他在博士论文《正常玉米与矮生玉米发育比较研究》中，对杂交优势的产生与表达提出了新的观点。1950年6月，徐冠仁获得博士学位后留在明尼苏达大学农学及植物遗传学系任研究员，并被接纳为美国希格马赛（Sigma Xi）科学研究荣誉学会会员。

第二次世界大战结束后，原子能的和平利用成为各国科学家的重要研究课题，徐冠仁也将核技术应用于多种农作物的研究，除玉米遗传和小麦黑穗病外，还开展小麦单体、缺体及多种性状的遗传研究。他采用热中子和X射线处理小麦种子，得到抗秆锈病突变体，为抗病育种开辟了新的途径，受到国际育种界的重视，其论文被编入《第一届国际原子能和平利用会议论文集》。

徐冠仁虽然身在国外，却心系祖国。1956年，为响应建设社会主义新中国的号召，他放弃了在美国优越的工作和生活条件，克服重重困难，携夫人黄小玲（明尼苏达大学园艺系硕士）和6个月的幼子从美国转道日本回到祖国。回国后把全部精力，投入开创我国原子能在农业上的应用事业和农业生产发展事业中。

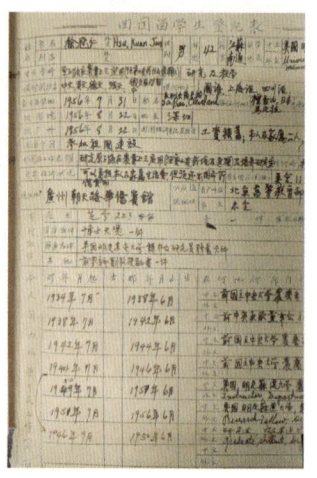

徐冠仁回国留学登记表

报效祖国　创建中国核农学体系

1956年9月6日，北京永安宾馆的一个普通房间的灯光彻夜长明，徐冠仁在这里起草了建立原子能农业应用实验室和发展中国原子能农业应用研究事业的报告。党和国家有关部门高度重视他的建议，并决定由他负责筹建中国农业科学院原子能农业应用研究室。当时，核技术在农业上的应用研究在国际上虽然发展很快，但在我国还是一片空白：既缺少人才，又缺少资料，更缺少设备。为了开展筹建工作，他不畏困难，利用几间旧平房改建成放化实验室和物理测量室，又向国内有关单位借聘了7位专家。依靠集体的智慧，筹建工作很快取得成效。

经过一年的努力，1957年8月，我国第一个原子能农业应用研究机构——中国农业科学院原子能农业应用研究室正式诞生，徐冠仁任主任，该研究室也是中国农业科学院最早成立的科研机构之一。1960年，原子能利用研究所正式成立，他和苏联专家一起设计了苏联援华的第429项工

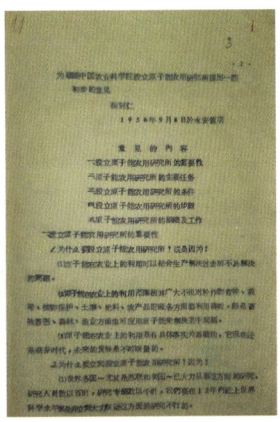

徐冠仁起草的《为建设中国农业科学院设立原子能农用研究所提出一些初步的意见》

程，即国内第一个核技术农业应用研究的专业研究设施——中国农业科学院原子能利用研究所429实验大楼和第一个农用放射性辐照装置。此后，他与原子能利用研究室（所）的专家广泛开展了辐射诱变育种、同位素示踪技术农业应用、低剂量辐照刺激农作物增产、辐射保藏食品和辐射消灭害虫等研究工作。

在边建设、边开展研究、边培养人才的过程中，徐冠仁主持农作物辐射诱变育种项目的研究工作，指导青年科研人员在实验中获得了小麦抗条锈

徐冠仁参与设计的429实验大楼

病、洋麻抗炭疽病、高粱矮秆和棉花早熟等突变体。这些研究成果证明辐射诱变是行之有效的，由此开拓了中国辐射诱变遗传育种工作的先河。他和同行学者把我国原子能农业应用研究的理论与技术方法逐步归纳总结、完善提高，形成一门新兴的学科——核农学，使中国核农学在总体上达到国际先进水平，受到国际原子能机构（IAEA）、联合国粮农组织（FAO）和各国同行专家的高度重视。1999年，中国被国际原子能机构确定为亚太地区核农学牵头国（中国农业科学院原子能利用研究所为技术依托单位）。

忘我工作　推动作物杂交优势利用

徐冠仁十分关心和重视我国的农业生产，坚持科学技术为农业生产服务的指导思想。早在1957年筹建原子能利用研究室的时候，他便利用从国外引入的高粱雄性不育系、保持系和恢复系材料，指导青年研究人员利用我国的高粱资源，培育杂交高粱和新的不育系，选育出"原新一号"不育系和优良组合"原杂9号"等。在他及其同事们的积极推动下，全国各地高粱产区的农业科研机构，利用当地的种质资源，选育不育系和优良组合，大大推动和促进了杂交高粱的推广和应用，使我国高粱大幅度增产，为粮食增产作出了重要贡献。更为重要而深远的意义是：由于杂交高粱的巨大成功，引发了广大科研人员、农民和政府有关部门对杂交优势利用的认同和高度重视，从而推动了我国农作物杂交优势利用的研究与发展。

1956年，他利用小麦"单体""缺体"全套材料指导研究人员利用农作物非整倍体开展遗传育种研究，在应用染色体工程与作物育种工作中起了带头作用。为了增加粮食生产开辟新糖源，他主持开展"粮糖兼用杂交高粱育种研究"，为开创我国粮糖兼用杂交高粱的利用作出了积极贡献。

在科学的春天里，徐冠仁于1979年担任原子能利用研究所所长，并倡导成立中国原子能农学会。为广泛吸收国外核农学领域的先进成果，积极宣传中国核农学的成就,他多次应邀代表中国参加国际原子能机构召开的专业会议,应邀出访了美国、英国、法国、日本等国家,积极介绍我国农业和核农学的发展以及取得的重大成就。

1987年徐冠仁在建所30周年大会上发言

1990年5月29日,徐冠仁(右3)陪同著名核科学家、原核工业部副部长王淦昌院士(居中)调研原子能利用研究所

严谨治学　人生信念历久弥坚

徐冠仁为人正直、学风正派。他甘为孺子牛，满腔热情地鼓励青年科技工作者，帮助他们脱颖而出。他从未具名申请奖励，他认为功劳应归于上级的正确领导，而成绩是广大科技人员做出来的。他倡导"知前人所已知，识时人所未识，为后人导新航，乃科学家之本色"。他鼓励人们"将知识的力量、团结的力量，加上献身精神的力量融合在一起，为事业而奋斗"。

在开创我国核农学事业的过程中，徐冠仁经常强调"开创事业要有理想，重实干，刻苦钻研，团结协作"。1956年他在核农学创立之初，就十分重视全所和全国科研工作的团结协作及核农学体系的构建，并提出要在较短的时间内使中国的核农学达到亚洲乃至世界领先的水平。中国农业科学院原子能利用研究所与中国核农学体系的创建、发展与壮大，就是在他的理想、实干、钻研、协作等思想的指导下实现的。

原子能所科研人员在核爆现场开展研究

"对一个团队或个人作出评估，要看这个团队或个人所开创和从事的事业，是否对人民有利，是否后继有人，是否不断兴旺发达，而不是靠树碑立传。传是会被人遗忘，甚至被人改写的；碑是会受到风蚀，甚至倒塌的；唯有对人民有利、兴旺发达的事业，可以与日月同辉、永放光芒"。这些话，真实地反映了徐冠仁的高尚品质和人生追求。同事们对他感受最深的就是他不为名、不为利，一心为事业，以实际行动实现为祖国献身、为人民服务的理想和追求。

1984年，徐冠仁担任原子能利用研究所名誉所长，并长期担任《核农学报》主编和国际原子能机构农业顾问，在古稀之年仍希望遗传育种学后继有人，期望将原子能和平利用于农业的青年科学工作者能脱颖而出。2004年，徐冠仁因病逝世，享年90岁。"发自真挚的爱，而止于伟大的事业"，这是他1934年从国立中央大学毕业时，写给挚友庄晚芳（中国著名茶叶专家）信中的肺腑之言，这充分体现了他的人生观，表达了他对祖国和人民的真挚热爱和对事业的献身精神。

徐冠仁工作照

2022年敬立于中国农业科学院
农产品加工研究所的徐冠仁铜像

朴实无华的小麦专家
——记中国农业科学院小麦遗传育种学家庄巧生

1957年9月1日,在中国农业科学院成立6个月之后,作物育种栽培研究所在原华北农业科学研究所作物系的麦作、杂粮、特作研究室和发育生物系的遗传、生理研究室的基础上正式成立,研究所云集了一批国内顶尖专家和留学归国青年。其中,41岁的庄巧生正在主持重要的冬小麦育种课题,自1946年从美国留学归来,他已经在北京的试验田里工作了11年。此后,庄巧生长期在中国农业科学院从事小麦遗传育种工作,1991年当选为中国科学院学部委员(院士)。曾任国际玉米小麦改良中心理事,中国作物学会第四届理事长,全国政协第七届委员。

清寒学子　赴美游学

1916年8月,庄巧生出生于福建的一个小山村,4岁时曾随母迁至父亲教书的印尼小岛度过了孤寂而苦涩的4年,并从那里华侨创办的民德初小毕业,1925年全家回到福州。11岁时,庄巧生的生母因霍乱去世,庄巧生没能见上最后一面,多年后他写下"事后想来历历在目,让人潸然泪下"的字句。庄巧生自小养成勤奋自勉的学习习惯,18岁时,他抓住机遇考取福建省清寒学生大学奖学金,以农科第二名的成绩获得每年300银元的奖学金。1935年1月,考入南京金陵大学农学院,主修农艺,辅修植物。

1937年8月,庄巧生目睹日军飞机在南京市低空扫射的卑劣行径,心中激起救亡图存的强烈愿望,并积极投身京沪线伤病员的救护活动。11月,他随校西迁至成都华西坝新校区,听闻南京沦陷的消息,内心悲痛欲绝。在抗战的烽烟中他努力完成学业,于1939年2月获得学士学位,并膺选为斐陶斐励学会会员,被授予金钥匙奖。

第四章 艰苦创业的归国生力军

毕业后，庄巧生入职中央农业实验所贵州农业改进所，随植物学家沈骊英开展小麦区域试验工作，作为执笔人完成《贵州之小麦》一文，从此与小麦结缘一生，惟愿在科研事业上做出一番成绩。然而，由于战时简陋的科研条件，庄巧生辗转于贵阳、成都、重庆、恩施等地，努力寻找实现科学抱负的工作平台。

1944年，国民政府决定选拔约1000名工矿、交通、农业类中层科教人员赴美国高校和科研院所实习，其中大部分名额由科研单位推荐遴选，少数名额通过社会公开招考。庄巧生此时所在的中央农业实验所推荐他报考农学之外的冷门学科，年轻气盛的他选择社会招考的方式，最终以第二名的成绩考取农艺学名额。1945年7月，庄巧生抵达华盛顿。他填写的实习志愿是小麦品质测试技术。鉴于这项工作与谷物化学关系密切，4个月后他前往康奈尔大学补修了三门化学基础课。翌年春天，庄巧生先到联邦软麦实验室用2个月学习软麦品质鉴定，并前往美国北部和西部麦区访问四个州立高校和农业试验站，与多位国际著名小麦专家交流小麦品质评价和育种栽培技术。

在美国期间，庄巧生认识到小麦品质检验与研究对品质改良的重要性，收集了数以百计的相关文献用于回国后开展研究。他在1951年发表的《环境与小麦的品质》一文中，通俗地阐述了小麦品质的概念，"品质是个相对的名词，判断一种小麦的品质好坏，要看它的用处而决定。"由于国内科研任务主要聚焦在提高单产，庄巧生直到20世纪80年代才完成小麦品质实验室的筹建，填补了国内研究空白。

1946年8月，庄巧生回到中央农业实验所，此时大部分科研人员都从后方迁回南京。庄巧生从戴松恩那里了解到，刚刚接管的北平农事试验场设备先进但缺少合适的科技人员，不免心中一动。北平更接近小麦主产区，又有完善的科研条件，不正是自己施展拳脚的好地方吗？中央农业实验所领导得知庄巧生愿意北上的想法后，经过研究决定派他到北平农事试验场工作。

1946年10月，庄巧生到达北平，赴任北平农事试验场技正兼麦作研究室主任，从真正意义上开始了小麦品种改良工作。

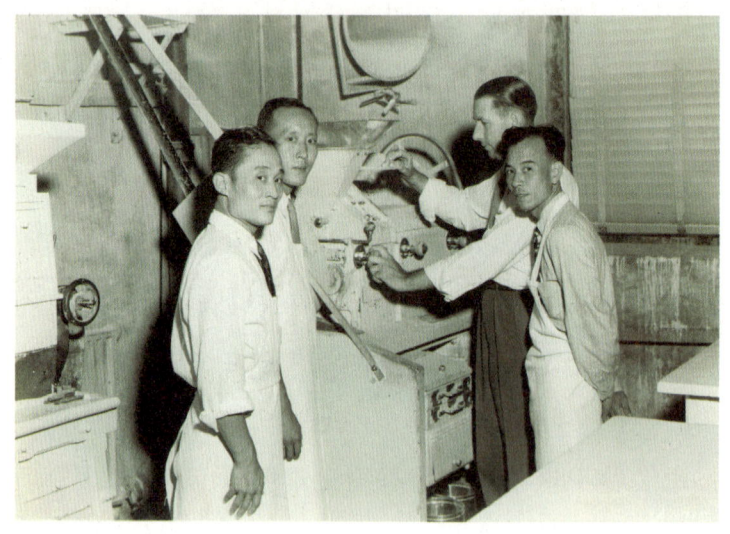

庄巧生（右1）在堪萨斯州立学院学习制粉机操作方法

北上麦区　历经天灾

新中国成立后，中央农业实验所北平农事试验场更名为华北农业科学研究所，1957年筹建成为中国农业科学院，庄巧生就在中国农业科学院作物育种栽培研究所一直开展小麦育种工作。

庄巧生北上之初的工作十分顺利，北平农事试验场一流的基础设施和实验设备让他十分惊喜，前人育成的"燕大1885""北系3号"等品种在华北旱地上均有较好的抗逆性和丰产性，他一面开展上述品种的试种推广，一面利用美国优秀品种配置杂交组合。平津战役期间，庄巧生提前将重要资料封存于试验场地下室，抱着几个月大的女儿蜷居城内，盼望解放军早日进城。北平解放后，庄巧生继续担任华北农业科学研究所麦作室主任，将所有心思投入小麦事业中。

第四章 艰苦创业的归国生力军

小麦遗传育种是一项投入高、见效慢的研究，最快8年才能育成一个小麦新品种。庄巧生有一句广为流传的名言，"要跌打滚爬在麦田里，学会与小麦对话。"1950年，正当庄巧生准备大展拳脚的时候，全国多地暴发罕见的小麦锈病大流行，60亿公斤的减产损失相当于全国夏季征粮的数量，庄巧生的科研成果也在这场灾难中损失巨大。

小麦锈病是气传性的真菌病害，可以借助空气进行高空远距离传播，是小麦头号重大生物灾害，被称为"小麦癌症"。1950年春季，华北地区降水量达往年数倍，适合锈菌的发生和发展。4月，华北农业科学研究所作物系和病虫害系联合，分三路赴华北麦区调查。绿色的麦田中先是出现星星点点的黄色，仅10天左右就会全部变黄染病。庄巧生等判断，锈病的病原菌很可能来自本地，很难通过药剂抑杀。庄巧生痛心地写道："一般老乡从去年十月就开始吃野菜树叶度日，眼巴巴的指望着这一季麦子，再等二十几天就可以有新麦吃，偏偏闹这一场黄疸，真是祸不单行！"

在这场天灾中，庄巧生培育的"燕大1885"因抽穗早躲过一部分锈害，"北系3号"抽穗晚约一周，满布于叶片的孢子堆渐及穗部，染病极重。最终，庄巧生培育的3个新品种因染病严重不能投入生产，就连新近培育的、旨在抗锈病的杂交早代材料也在劫难逃。目睹自己几年的成果付之东流，庄巧生心如刀绞，不单单是几个品种坏掉，更是因为没有优秀的小麦品种供农民种植。

在1950年的工作总结中，庄巧生对自己的育种工作进行了深刻反思："以往对抗病新本之选择，多凭杂交育种工作者单独进行，与病害研究部分及品种特性观察试验之合作与联系均极不够，造成后期选用亲本失当，影响工作至巨，此种缺陷虽逐渐有所改进，但仍有待加强各方面之合作关系，对抗病亲本之选择，不仅注意锈病，锈病以外之其他抗病性或农艺性状均应充分了解。"

庄巧生深知，要想根治锈病，还要从抗病育种入手，通过杂交把国外优质品种的抗病性加到已推广的优良品种上。命运总是垂青努力奋斗的人，正在缺少抗病亲本的时候，北京大学农学院的蔡旭教授主动从自己选育的珍贵抗病株系中分出一小部分种子，赠送给了庄巧生。多年后，谈到此次赠种，庄巧生感动地表示，遇到蔡旭这样既相互竞争又相互支持的学长和挚友，是自己学术成长道路上的"造化"。

1950年秋，庄巧生将寄予厚望的种子种在南圃场试验地，此后一方面积极探索简化小麦杂交的相关技术，尽快培育良种，一方面撰写《提高华北小麦单位面积产量的意见》等技术指导文章。

庄巧生（前排左3）与小麦室和遗传栽培室同事合影

雪域高原　农业科考

西藏和平解放后，经研究所推荐，庄巧生参加西藏考察队农业科学组，于1952年6月赶赴雪域高原。由于时间紧迫，庄巧生等人只带了生活必需品和一些冬小麦的种子就出发了。一行人乘汽车抵达藏南的江孜县后,前方已不通公路,考察队雇佣骡队协助运输物资,每天只能前进十几里,大家一路上风餐露宿,基本上都是住帐篷。碰到有部队驻防,他们还要停下来讲授一些必要的农业生产知识。

1952年10月,庄巧生与考察组进驻拉萨西郊的八一农场,此时藏区已进入寒冷漫长的冬季,无法开展科学考察。经与西藏农牧部协商,决定按照"一面教学、一面建场"的思路,由考察组筹办农业技术干部训练班,同时建设西藏第一个农事试验场。经过2个月的努力,1953年1月,由63人参加的训练班开学,庄巧生主讲农学。拉萨农业试验场正式成立后,庄巧生带领实习学员先后引种作物品种、蔬菜品种和果树林木等,有史以来第一次在拉萨河谷开展大规模引种试验,为驻藏部队开荒和藏族同胞农业生产经营起到积极的示范和推动作用。

出发前往西藏前,庄巧生收集了很多小麦品种,一是希望与本地品种对比,选育良种,二是通过观察小麦生长进一步了解高原农业环境。通过两年的试验,他欣喜地发现,高原上的光热条件对麦类作物的生长比较有利,白天太阳辐射强有利于光合作用,夜间温度低有利于抑制呼吸作用,春季气温升高慢则延长了生长期。此后,庄巧生提出了"在海拔3000米到4000米的西藏河谷农区可以推广种植晚熟冬小麦,并很有可能实现高产"的历史性建议。

1953年春暖花开之时,庄巧生等人安排好拉萨的试验,着手对藏区的农业考察。在他主笔的《西藏农业概况》中,对藏区的作物分布、耕作栽培等以图文并茂的形式进行了概述,并对一些看似落后的传统耕作方式进行了科学解读,"西藏劳动人民在与高原特有的艰苦条件做顽强斗争的过程中,确是积累了不少的宝贵经验。"庄巧生还发现,西藏冬春时节的风沙很大,由于此时农田地表没有植被,表土风蚀严重,如果适当发展越冬作物,将对保护土壤和环境很有意义。在后来的报告中，庄巧生多次强调冬小麦等越冬作物显著减轻冬春干旱、减少风蚀侵害的重要作用，这也成为西藏农业后续数十年一个重要的发展方向。

1954年3月，庄巧生返回北京。他参与定稿的《西藏农业考察报告》是我国第一部关于西藏农牧业资源开

庄巧生在布达拉宫前留影

发和增产技术的历史文献。此后的数十年里，他始终情系高原，他推荐的原产西北欧的晚熟小麦品种成为西藏的主栽品种，被誉为"肥麦"。正是由于小麦的大面积高产，西藏于1975年首次实现了口粮自给。2020年，中国农业科学院在西藏收集农作物种质资源时，当地依然在种植庄巧生70年前引种的小麦品种。庄巧生在人生最好的年华，以拳拳赤子之心，响应国家号召毅然奔赴雪域高原，也成为西藏现代农业的拓荒者之一。

下乡蹲点　选育良种

1953年，华北农业科学研究所响应国家号召，动员绝大部分科技人员到河北山西农村蹲点，与农民同吃同住同劳动，总结推广实用技术，指导开展增产示范。1955年开春，庄巧生前往河北衡水蹲点。衡水是旱地低产区，庄巧生与同事们从品种出发，与衡水农业试验站合作对当地小麦品种进行了深入系统的整理，以便可以迅速普及良种。在下乡蹲点过程中，庄巧生深入了解了华北农村的现状，明确了未来工作的方向。他在报告中写道："绝大多数的农民对小麦品种的认识是不够全面和系统的。如何分析总结群众对品种的种植经验，并与试验研究相结合，做出正确的评价，是一个具体的技术问题。"

在农村艰苦的生活中,庄巧生敏锐地觉察到,未来随着灌溉条件的改善和地力的提高,丰产潜力大的品种必将更有市场。他带领麦作室从蔡旭赠送的品种中选育出早熟、抗锈病、穗大粒大的"华北187"参加华北冬小麦区域试验,在水浇地和中等以上肥力的旱地增产达20%以上,也成为这类地区的主要推广品种,年最大种植面积达100万亩以上。

1956年,庄巧生主持了全国小麦品质特征的初步研究,他在研究计划中写道:"中国小麦的品种一向缺乏研究,过去国内农业研究机构、院校会零星做了一些有关改良种的品质鉴定,但极零星,没有系统,参考价值不大。鉴于国家经济建设日益发展,对于全国各地小麦的品质特征,地区的自然条件、耕作水平、品种特性对小麦品质的影响等问题,都需要摸摸底,以便为进一步提高小麦品种和产品加工的质量做一些准备。由于过去这方面的工作做得太少,所以先从总的问题考虑,工作稍有基础后,再深入到进一步的具体研究课题中去,争取短期内赶上国际水平。"

1957年,庄巧生在《中国农报》发表《谈谈与小麦增产有关问题》,驳斥了"小麦是低产作物"的说法,并详细分析了全国平均产量低的原因:一是各麦区普遍施肥不足,平均一亩地只上土粪千斤上下,而一般的土粪含氮

1978年,庄巧生(后排左1)参加全国科学大会期间
与获奖代表合影

量为0.15%~0.3%，即使全部为小麦所吸收，也不过生产小麦百斤左右。二是占全国麦田约十分之七的华北和西北产麦区，十之八九是旱地。庄巧生还从选用良种、合理密植、增施基肥、适时灌溉、分期追肥五个方面详细介绍了小麦增收的技术要点。此后，庄巧生心无旁骛、扎根麦田，主持育成"北京8号""北京10号"等10多个冬小麦优良品种，于1978年获全国科学大会奖。他参加主编《中国小麦学栽培学》《中国小麦品种及其系谱》等专著，积极探索改进育种方法，为发展我国小麦生产和育种事业作出重要贡献。

自20世纪80年代至2003年底，庄巧生长期担任《作物学报》主编，年逾八旬时仍然身体力行，每年在小麦关键季节到试验田考察。1995年，庄巧生荣获何梁何利奖，他将奖金10万元港币捐献出来，经院所匹配资金设立"庄巧生基金"，2005年发展壮大为"庄巧生小麦奖励基金"。对于自己的一生，庄巧生是这样说的，"我一生只做了两件事：一是育成十来个优良小麦品种在生产上应用；二是编几本与小麦或育种有关的专著，为国家科技事业留下一些历史记录。仅此而已，微不足道。"

庄巧生晚年在试验田的工作照

第四章　艰苦创业的归国生力军

2016年庄巧生（前排左5）与团队成员合影

2013年，庄巧生传记《梦里麦田是金黄》由中国科学技术出版社出版。2022年，庄巧生在北京逝世，享年105岁。同年，中国农业科学院编写的《追忆世纪麦翁庄巧生》由中国农业出版社出版。

回顾庄巧生院士的青年岁月，我们仿佛看到一位朝气蓬勃的作物专家，在金色的麦田里俯首拾穗、守望未来。

矗立在福州市的庄巧生塑像

无私奉献的畜牧兽医专家
——记中国农业科学院动物营养学家张子仪

新中国对于畜牧业的发展十分重视,华北农业科学研究所设有畜牧系开展饲料科学研究。张子仪留学归国时是1952年末,入职华北农业科学研究所正与他留学时所学专业相合,可大展身手,实现报国为民的抱负。在华北农业科学研究所的几年里,张子仪研究的脚步从未停歇,应国家对畜牧饲料的要求,潜心研究青贮饲料,解决猪、牛等家畜的饲草问题,只为研究出对牲畜有高营养价值的饲料,日复一日,年复一年,他的一生,献给了国家,献给了人民,是我国动物营养与饲料科学界有口皆碑的铺路人。

应召归国　人生无悔之起步

张子仪1925年2月出生于山西省临猗县,自幼受到良好教育。1941年东渡日本求学,1948—1952年在日本京都大学农学部研究生院攻读反刍动物营养学,他聚焦反刍动物微量元素缺乏症这一国际动物营养学前沿领域开

张子仪在日本京都大学农学部(1950年)

展深入研究,揭示了微量元素钴对瘤胃微生物放线菌的消长规律,推翻了耕牛"异嗜厌食症氟中毒"假说,并提出了因钴缺乏引起恶性贫血症的理论。

新中国成立时,百废待兴、人才奇缺。他响应祖国号召,克服种种障碍,历时一年,于1952年10月回国参与新中国建设,任华北农业科学研究所畜牧系技术员。多年后,张子仪回忆说:"从个人得失出发,即使继续留在国外,不过添一个'博士'头衔,社会地位、个人生活条件会好一点,但不可能有更大作为。"祖国的号召使他决定重新设计自我,报效祖国,"以慰或冤死敌域或捐躯疆场的千百万同龄人在天之灵,此乃人生无悔之起步"。

扎根基层　上下求索

新中国成立初期,全国范围内饲料资源紧缺,而我国动物营养与饲料科学长期处于先天不足、后天失调、真假科学成果此起彼伏的历史阶段时期。张子仪始终恪守科学工作者的基本准则,探索科技兴牧之道。1953年秋收后,张子仪和同事们分赴山西长治专区及河北省邯郸专区,蹲点跑村,推广玉米秸秆青贮技术。经感官鉴定,能达到防腐保鲜效果。为进一步解决玉米秸的适口性及其饲用价值,进而纳入农牧生产体系,张子仪用华北的玉米秸试制青贮饲料,并对其进行了耕牛的消化试验,同时用马、牛、驴、骡、羊等进行了饲养试验。饲养试验表明,开始喂青贮料时各类家畜的适口性都较差,经过训练后各役畜均可习惯采食青贮料;最初饲喂青贮料时食剩量较多,但经过一阶段饲喂后除粗硬茎结外均可吃尽;并且改进切割手段,用青贮切割机,可以节约大量劳动力,在青黄不接的饲草缺乏地区尚有一定的利用价值。这一成绩得到了上级部门的充分肯定,《华北农业科学研究所八年来主要工作情况》中写道,"关于玉米收获后秸秆作青贮饲料的研究已经成功,并在大量推广。1954年配合山西、河北两省推广了264万斤,1955年山西一省就青贮了53 640万斤,山东也开始了示范工作。"

在饲草严重不足的年代,民间盛行利用各种农作物外壳或者残渣喂养牲畜,但对于该类残物是否对牲畜有营养价值并无考究。对此,张子仪开展了多项研究项目,证明其科学真假。在华北、华中、华东若干花生产区有将花生壳粉碎后作为猪饲料的报道。花生壳含粗纤维,居所有粗饲料之首,是否可作为猪饲料亟需澄清。张子仪和同事们进行了花生壳粉的常规饲料成分分析、消化率测定及饲养试验。多次试验证明,花生壳粉中粗纤维含量居诸多荚壳类之首,高达60%,营养价值极低,生产效果呈负面效应,纵可充饥,得不偿失,不宜用以喂猪。还有些玉米产区利用玉米芯喂猪,并在这方面提出各种加工利用方案。如山西省长治专区群众用水磨玉米芯喂猪的办法,山东省胶东、鲁西一带群众用石碾玉米芯喂猪的办法,在缓解饲料资源问题方面起了一定作用。但这类玉米芯的饲料营养价值如何,特别是作为猪饲料时的生产性能、经济效益如何有待研究。根据华北农业科学研究所的安排,张子仪和同事们从1955年至1956年进行了石碾磨玉米芯及水磨玉米芯的消化

1957年张子仪(第2排右3)与同事们合影

试验及饲养试验。饲养试验结果证明，无论从发育阶段或肥育阶段都表现多喂不如少喂，少喂不如不喂的充饥负面效应，无推广价值。这样的科学研究，张子仪从未停止，贯穿了他的一生。

据理力争　破"砻糠养猪"之误区

1953年，由于生猪生产的迅速发展，猪饲料的供应一度紧张，加上当时"大跃进"浮夸的背景，苏联专家推荐砻糠养猪。砻糠即稻壳，又称大糠，每百千克稻谷经加工脱壳后可产砻糠粉约20千克，新中国成立之初估计全国年产约150亿千克，因其容积大、质地粗糙疏松，既难保管又不易搬运，在各地加工厂形成了砻糠堆积过剩的老大难问题。1954—1955年，各种媒体曾大量宣传使用砻糠磨粉喂猪效果好，被包装成"俏货"一度在全国推广。

1954年初，粮食部粮油加工局会同农业部畜牧兽医总局、华北农业科学研究所畜牧系、北京农学院等有关单位进行了饲料化学成分分析、饲料营养成分的消化率测定及三次饲养试验。在华北农业科学研究所的安排下，张子仪迅速组建试验小组，和同事们进行了砻糠粉的常规饲料营养成分分析及消化率测定。结果表明，砻糠粉营养成分含量与整粒砻糠近似，粗蛋白质、粗脂肪含量较低，无论从营养上及其饲用价值上来看都不适于做猪饲料。同时，为了对照地区性的差异，张子仪和同事们配合浙江省农业厅、粮食厅等单位，在宁波市、金华市两个专区又进行了典型调查，并在1955年10月再次会同浙江省农业科学研究所在嵊县农场进行了为期3个月的现场砻糠粉喂猪试验，结果证实：用砻糠喂猪不仅无饲用价值，而且加工成本高，喂得愈多，长得愈慢。但事态并未因此次验证而被扼制，张子仪反而经历了被诬告、诬陷的磨难。后经农业和粮食两部门组成的工作组内查外调之后，才得以澄清事实，终止砻糠喂猪促生长的伪科学，引导养猪业科学发展。

20世纪60年代张子仪（第2排右1）在猪场蹲点

勇于攀登　不改科学本心

1957年3月，中国农业科学院成立。张子仪继续在中国农业科学院畜牧研究所（北京畜牧兽医研究所前身）任职，他原来任职的畜牧系改为畜牧研究所，这令他欣喜万分，可以继续在自己热爱的领域里面发光发热，为国家为人民作出贡献。20世纪50年代，全国粮食统购统销，猪饲料主要依靠青粗饲料。张子仪主持了农业部下达的国产饲料资源普查开发利用项目。他受中国农业科学院畜牧研究所委托，于1958年在北京组织召开了首届饲料营养价值评定座谈会，在会上通过了饲料样品采集、《暂行饲料分析方法》及有关单位的分工协作方案。1959年出版了我国第一部《国产饲料营养成分含量表》，奠定了我国饲料科学和产业发展的重要基础。

此后，张子仪作为我国动物营养与饲料科学的开拓者和中国饲料工业及现代化养殖业的主要铺路人，长期奋战在动物营养与饲料学研究一线，牵头推动成立中国饲料数据库情报网中心和动物营养学国家重点实验室;首创了单胃动物仿生消化仪及配套国产酶制剂盒;先后主持多个国家项目,在国家饲料资源开发和饲料营养价值评定等方面提出多项重要战略咨询建议,为我国畜牧业发展作出了巨大贡献。

20世纪70年代张子仪在柴达木盆地考察

他广学博览,十分注重自身的知识结构改造,特别强调要经常自我反省、不断否定自我,是"活到老、学到老"的典范。"蜡炬成灰,犹可护花""废物利用"是他的座右铭,在耄耋之年,仍笔耕不辍,把家当办公室,没有节假日。2022年3月,张子仪在北京逝世,享年97岁。他的夙愿是有生之年自己清理自己的文存,千秋功过留与后人评说,不给后人留麻烦。2024年,北京畜牧兽医研究所按照张子仪院士遗愿汇总了电子版《张子仪先生自选文集》供学界参考,张子仪的文集《断弦谁与听》由中国农业出版社出版。

张子仪院士与研究生侯水生合影

2024年敬立于北京畜牧兽医研究所的张子仪院士铜像

情系大地的土壤改良专家
——记中国农业科学院农田水利学家贾大林

在新中国土壤改良和节水农业取得的成就中,蕴含着一个人的辉煌业绩,他就是贾大林,是中国节水农业的开拓者。1956年被选派到苏联莫斯科水利工程学院读研究生,1961年学成归国。毕生情、满腔血,魂牵梦绕土壤改良和节水农业事业;孺子牛、任劳苦,辛勤耕耘在黄淮海平原这片热土上。他是共和国科研团队中执着追求的骄子,为新中国农田水利事业作出不朽的贡献。

年少立志　心向祖国

贾大林,字壬秋,1923年9月20日出生于吉林省长春市,从小就受到爱国主义的熏陶。1942年,贾大林怀着科学救国的志向考入北京大学农学院农业工学系。大学期间,他勤奋好学,名列前茅。1945年抗日战争胜利后,受中共地下党员蒋振宝(天津市农业科学院原院长)等影响,他积极参加中共地下党领导的"祖国剧团"等活动,团结同学,思想进步。求学期间,贾大林除了学习进步书刊、唱革命歌曲,还参加了话剧《雷雨》《日出》《流亡三部曲》演出。作为学生代表之一,发动学生请愿,反对国民党政府"不发北大毕业证书"的活动。

贾大林大学学生照

1946年贾大林从北京大学农学院毕业,先后参加了辽河"二龙山水库"建设和北平农事试验场的暗管排水试验研究。1949年2月北平和平解放,贾大林到新成立的华北农业科学研究所工作,任助理研究员。

贾大林(右2)在北京大学期间积极参加
中共地下党外围组织"祖国剧团"

贾大林与妻子在所区合影

扎根渤海湾　改良盐碱地

新中国成立初期,渤海湾沿岸的盐碱地,北起河北省秦皇岛市北戴河区,南至山东省昌邑市,总共约有3000万亩。改良盐碱地是华北农业科学研究所工作计划中的重中之重,1949—1952年,贾大林随专家对渤海湾盐碱地进行调查研究。他们发现,渤海湾沿岸的盐碱地,野草丛生,系蝗虫栖息繁殖之地,华北一带每年蝗虫灾害的发生,均起源于此,然后逐渐蔓延各地。但以往的经验告诉他们,此带的盐碱地若经改良与利用之后,每亩可产大量稻谷和其他合适栽种的农作物,这说明只要将盐碱地对于作物生长的限制因子消除之后,土地的生产率仍然是很高的。同时,此带土地广阔,又系国有,宜于建立国营机耕农场。因此,为了根本消减蝗虫灾害,增加耕地面积以及修建国营农场,以提高我国农业产品起见,对于渤海湾沿岸盐碱地的利用与改良问题,确有研究的必要。

探索的路是漫长的。贾大林等第一年从河北省黄骅县(今黄骅市)沿

第四章 艰苦创业的归国生力军

渤海湾北上直至秦皇岛、山海关，第二年又从天津至黄骅沿渤海湾南下直至山东潍坊的昌邑一带，第三年在天津军粮城稻作试验站蹲点，进行节水种稻改良盐碱地试验。后又在渤海湾北部盐碱地的宁河、乐亭、丰南、宁海、昌黎等县多点试验，结合群众的生产实际经验，终于探索出滨海盐碱地改良与利用的一整套措施。在修筑防潮堤和排水系统的基础上，水稻插秧前，提前分期冲洗盐分；水稻生长和水稻发育期，堵排水沟并定期排水，调控排水量，减少用水量，可在稻作生长和发育期间堵塞排水沟，按期排水，以节省用水，可免因扩张稻田洗盐面积后而在稻作生长和发育期间发生水量不足的现象。

在深入研究后，贾大林一行发现，渤海湾盐碱荒地土壤含盐量多在1%上下，种植两年水稻后，土壤含盐量虽可减至0.2%以下，但如改种旱作，由于地下水位较高，含盐量又大，盐分很容易再积聚于表土，而使旱作无法种植。应该利用有限水源，大量开垦盐碱荒地，必须用人为方法积极地采取一系列的措施、如精耕细作、灌秋水、种植牧草等措施，以改良土壤种植旱作。如种植2年水稻后改种2—4年的旱作，即可将开垦面积增为稻田面积的1—2倍。最终和同事们在部分盐碱荒地推行水旱轮作制度，种植棉花和水稻、麻类、牧草作物，以降低地下水位。由于推广综合措施，利用原来野草丛生、蝗虫孳生的盐碱地，不仅扩大了水稻的种植面积，而且每亩节水近1000立方米，稻谷亩产达到500千克，籽棉亩产达到180多千克，这在当时是一个很大的突破。

1954年贾大林和他的同事在《地理学报》发表了《渤海湾北部盐碱地的利用与改良的研究》论文。这篇写在大地上的实践论文，迄今还被当地生产实践沿用。调研、勘察、取土、化验、栽培，这一切看似繁琐平常，实则深奥，包含了一个耐人寻味的道理：扎根沃土，有辛勤的耕耘，一定会有收获。

贾大林等发表《渤海湾北部盐碱地的利用与改良的研究》论文

潜心科研　出国深造

从治理渤海湾北部盐碱地归来后，贾大林继续在华北农业科学研究所研究改善盐碱地方面的工作。当时实验条件十分简陋，可利用研究的仪器屈指可数，而艰难的环境并没有浇灭他改善盐碱地的热情，越是困苦，他越想在盐碱地里为国家为农民闯出一番天地来。贾大林在治理渤海湾北部盐碱地时发现，改良和利用盐碱地的方法有了，可实施起来却异常困难。一方面是按照他们的研究步骤实施，需要广大农民的配合，而大部分农民不识字，对他们的研究方法半信半疑；另一方面是在对盐碱地浇灌的时候，土地面积非常大，人工浇灌的效率又低，在关键几天中不能及时得到淡水的浇灌，会严重影响农作物的收成，为此贾大林常在实验室里来回踱步，忧虑万分。

为了解决高效浇灌这个问题，贾大林第一时间想到的就是机械浇灌，从古至今，机器工作的效率往往是人工的数倍。为了研究一款能够用于浇灌盐碱地的机器，贾大林四处查阅资料，在实验室里来回倒腾各种试验器材已是常事。功夫不负有心人，一段时间后贾大林对浇灌机器的设计有了眉目。彼时苏联对中国大力援助，支持中国的农业发展。贾大林在研究浇灌机器的时候，得到了苏联专家布可夫的帮助，帮助他解决很多机械方面的专业问题。不久后，贾大林成功研制出我国的"喷灌机"，制成后一次试喷成功，他欣喜万分，压着内心的一块石头总算是放下了。1953年1月16日《人民日报》发表了贾大林等的"我们有了先进的人工降雨机"署名文章，为我国新中国成立初期喷灌事业的发展起到积极的先导作用。

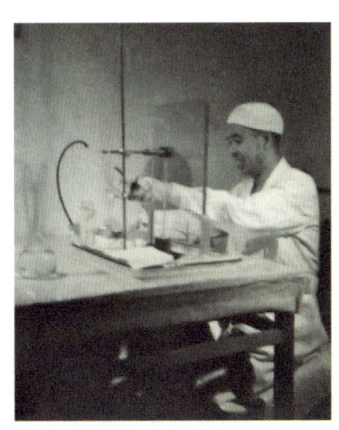

贾大林留学照片

1956年10月，我国和苏联签订了《中苏技术合作协议》，国内部分优秀研究人员被派往苏联进行学习，其中就包括贾大林，他被选派到苏联莫斯科水利工程学院（原水利土壤改良学院）读研究生。那里的宿舍面积不大，一个房间只有十几平方米，宿舍内条件有限，环境简陋，床既用来休息又用来当凳子坐着学习。贾大林平时生活节俭，以便节省费用购买专业书本。在此环境下，贾大林并无懈怠，乐于学习专于学习，在导师阿维里扬诺夫教授指导下，利用物理化学水动力学原理和放射性同位素示踪方法研究土壤盐分运动规律，提出不同边界条件下固态、液态和固态加液态盐分的冲洗定额和冲洗效率的理论公式,多次为苏联学者所引用。在此期间,贾大林掌握了大量土壤改良的知识,被苏联各种盐碱地改良利用的方法深深震撼,他心想,回国后一定要用这些先进的盐碱地改良方法帮助国家改善盐碱荒地,为农民的农作物种植保驾护航!

心系黄淮海　治理盐碱地

1961年,贾大林学成回国后,工作单位由华北农业科学研究所变为中国农业科学院。彼时,中原地区因大规模引黄灌溉导致大面积土壤盐渍化,贾大林被委以重任,担任农田灌溉研究所水利土壤改良研究室主任,多次深入盐碱地苦寻治理良方。1963年,贾大林举家从北京来到中原大地,以豫东古黄河背河洼地为基地,开展盐碱地改良和中低产田综合治理研究,一干就是26年。

贾大林举家迁往新乡

1983年，贾大林担任研究所所长。1987年，贾大林调回北京担任中国农业科学院黄淮海综合治理领导小组副组长，他经常下基层调研，勤于思考，撰写发表了21篇农业发展战略研究报告和论文。他常年奔波在农村一线，进行长期蹲点试验，因地制宜采取各种综合措施指导改良盐碱地上亿亩，使各地粮棉单产大大提高，农民的收入翻了几番。原来风沙、盐碱、内涝、干旱并重的豫东平原大变样，田成方、林成网、路相通、沟相连、旱能灌、涝能排，一改过去盐碱地"春季白茫茫，夏季水汪汪"的景象。

贾大林对事业的执着和忠诚，为他赢得了党和国家的至高荣誉，他和北京农业大学（今中国农业大学）石元春教授，共同主持的"黄淮海平原中低产地区综合治理的研究与开发"于1992年、1993年分别获农业部科技进步奖特等奖和国家科技进步奖特等奖，他本人获国务院黄淮海平原开发一级奖励，受到国家领导人江泽民同志、李鹏同志的接见。

1993年贾大林（右1）获得国家科学技术进步奖特等奖现场

1997年,贾大林应邀在中国工程院从事节水农业宏观战略研究,并主持"中国农业需水与节水高效农业建设"和"西北地区农牧业可持续发展与节水战略"两个子项目。四年间,他不顾年迈体弱,多次深入宁夏、内蒙古、新疆等地的大中型灌区考察,对我国节水农业发展方向和灌区改造提出了许多重要意见和建议。1997年,贾大林被国家节水工程中心聘为特聘研究员。2003年,贾大林因病在北京去世,农田灌溉研究所赠送的挽联上写着:"情洒黄淮海大地似春蚕到死丝方尽,心系灌溉所事业如蜡烛燃尽泪始干"。

贾大林将一生献给祖国,主编《黄淮海平原盐碱地改良》《节水农业与区域治理》等著作8部,参编著作25部,在国内外发表论文80余篇。面对取得的成绩,贾大林坦然地说,"这是大家的共同荣誉,我只是一个代表。"细数渺渺一生,我们将永远铭记贾大林的名字,他把生命奉献给了国家,奉献给了农民,更奉献给了他心爱的大地。

在中国农业科学院新乡精神展馆中展出的贾大林事迹

参考文献

《陈凤桐文选》编委会，1997.陈凤桐文选[M].北京：中国农业科技出版社.

《中国稻作学家丁颖教授》编委会，2011.中国稻作学家丁颖教授 1888—1964[M].广州：广东人民出版社.

白寿彝，2004.中国通史.第十二卷 近代后篇（1919—1949）[M].上海：上海人民出版社.

本刊编辑部，1950.华北农业科学研究所怎样研究米丘林学说[J].科学通报（1）：31-32.

本刊编辑部，1951.华北农业科学研究所试验、示范、推广材料与外地交换试行办法[J].中国农业科学（6）：4.

本刊编辑部，1954.华北农业科学研究所河北省农业科学工作队的最近情况[J].农业科学通讯（5）：224-225.

本刊编辑部，1954.华北农业科学研究所山西省农业科学工作队的最近情况[J].农业科学通讯（5）：225.

本刊编辑部，1955.华北农业科学研究所调派干部支援西藏建设工作[J].农业科学通讯（6）：316.

本刊编辑部，1955.一年来华北冬小麦研究有成果[J].生物学通报（12）：33.

本刊编辑部，1956.华北农业科学研究所选育的农作物优良品种[J].农业科学通讯（4）：223-226.

本刊编辑部，1957.华北农业科学研究所虫害研究工作近况[J].昆虫知识（2）：82.

本刊编辑部，1987.抗日战争时期的延安中国农学会[J].中国农学通报（3）：24.

本刊编辑部，1990.我国著名的畜牧兽医学家——陈凌风[J].中国畜牧杂志，40（3）：23.

本刊编辑部，1994.热烈祝贺金善宝教授百岁华诞[J].中国农业科学（4）：3.

本刊编辑部，2000.贾大林研究员[J].地下水（1）：45.

本刊编辑部，2004.陈凌风教授[J].中国畜牧杂志，40（5）：3.

本刊编辑部，2004.缅怀徐冠仁院士[J].核农学报（3）：161-163.

本刊编辑部，2008.凌云志展畜牧业风范光照兽研人——哈兽研首任所长陈凌风先生[J].畜牧兽医科技信息（S1）：38-39.

本刊编辑部，2011.纪念中国农科院蔬菜花卉研究所第一任所长——朱明凯同志100周年诞辰[J].中国蔬菜（7）：1.

本刊编辑部，2014.中国工程院院士张子仪 我国动物营养与饲料科学的铺路人[J].中国农村科技（11）：44-47.

本刊编辑部，2017.庄巧生院士：扎根冬小麦主产区一待就是60年[J].黑龙江粮食（2）：51.

本刊编辑部，2017.麦田的"守望者"——庄巧生[J].群言（11）：2.

本刊编辑部，2021.邱式邦院士铜像揭幕[J].中国生物防治学报，37（6）：1095.

本刊编辑部，2021.为了"让人人都能吃上白面"——戴松恩[J].群言（11）：2.

陈凤桐，1953.华北农业科学研究所新的工作方针[J].生物学通报（Z2）：157-158.

陈凤桐，1955.两个值得大家讨论的问题[J].农业科学通讯（6）：312-313.

陈建峰，杨怀文，2011.回眸中国植物保护学会首位"植物保护终身成就奖"获得者——邱式邦院士的科学工作足迹[J].中国生物防治学报，27（1）：140-144.

陈尚谨，马复祥，张毓钟，等，1957.养猪积肥和猪粪尿肥效试验初步报告[J].农业科学通讯（5）：248-250.

邓煜生，1982.冯泽芳[J].山西农业科学（9）：33.

邓煜生，1991.我国棉花界老前辈简介 冯泽芳[J].中国棉花（3）：49.

杜振华，陈孝，吴景锋，2022.百年耕耘 金善宝传[M].北京：中国科学技术出版社.

方悴农，1953.华北农业科学研究所积极开展农村工作[J].科学通报（9）：109-110.

方悴农，1954.显著的变化——记华北农业科学研究所工作人员下乡前后[J].农业科学通讯（2）：56-57.

共产党员网.百年瞬间 陕甘宁边区政府成立[EB/OL].(2021-09-06)[2024-10-15]. https://www.12371.cn/2021/09/06/VIDE1630888080950913.shtml.

韩雷，2017.徐特立与延安自然科学研究院（1940—1942）[J].延安职业技术学院学报，31（5）：13-15.

何贻赞，1995.丁颖教授与农业科教事业[J].古今农业（1）：42-48.

胡云安，陈贵仁，赵西玲，2011.远牧昆仑：盛彤笙院士纪实[M].兰州：甘肃人民出版社.

胡云安，吉顺平，陈贵仁，2021.盛彤笙资料长编[M].上海：上海交通大学出版社.

黄佩民，2007.中国农业科学院成立的前后[J].古今农业（2）：101-109.

纪文，1997."东方神农"金善宝[J].民主与科学（4）：5-6.

贾大林，1981.黄淮海平原旱涝碱综合治理中的几个问题[J].灌溉排水学报（1）：9-14.

贾大林，1982.对农田水利学的几点认识[J].灌溉排水（1）：3-5.

贾大林，傅正泉，1979. 利用放射性I^{131}和S^{35}研究松沙土土体和地下水盐分的运动[J].土壤学报，16（1）：29-37.

贾广东，2018.中国农业科学院组织机构沿革简史[M].北京：中国农业科学技术出版社.

江心，王希群，郭保香，等，2012.陕甘宁边区林业发展史研究（1937—1950）[J].北京林业大学学报（社会科学版），11（01）：1-24.

金作怡，高俊，2022.金善宝资料长编 上[M].上海：上海交通大学出版社.

金作怡，高俊，2022.金善宝资料长编 下[M].上海：上海交通大学出版社.

乐天宇，王希群，郭保香，等.2012.陕甘宁边区森林考察团报告书（1940年）[J].北京林业大学学报（社会科学版），11（01）：25-34.

李晨，2022."世纪麦翁"：耕耘华夏留麦香[J].智慧中国（6）：59-61.

李燕，2010.金善宝农科教结合的实践与现实意义[J].中国农业教育（6）：39-41.

李燕，2011.金善宝与中国现代农业科技发展[J].南京农业大学学报（社会科学版）（3）：108-113.

李振声，董玉琛，辛志勇，等，2005.庄巧生院士在中国小麦育种史上的四大贡献——祝贺庄巧生院士90华诞[J].作物杂志（4）：1-2.

李自典，2006.中央农业实验所述论[J].历史档案（4）：113-120.

梁丽娟，2020.戴松恩：生生不息的"种子"[J].大众科学（6）：38-39.

梁深洪，1985.纪念丁颖逝世二十周年[J].世界农业（3）.

梁深洪，1985.缅怀丁颖光辉业绩 发扬丁颖治学精神——华南农业大学隆重纪念丁颖教授逝世二十周年[J].世界农业（3）：18-2.

梁正兰，1959.十年来米丘林遗传学在我国的成就[J].生物学通报（10）：462-467.

刘书城，1996.中国核农学的创始人——中国科学院院士徐冠仁[J].金秋科苑（1）：26-28.

刘拓元，1988.老骥伏枥志在千里——记徐冠仁教授[J].中国农学通报（6）：44.

刘彦威，1998.中央农业实验所科研活动记事[J].中国科技史料（1）：53-62.

马小惠，2022.庄巧生：种麦100年[J].麦类作物学报，42（08）：912.

马壮，朱笠，1953.华北农业科学研究所试验研究工作的新道路[J].科学大众（10）：385-386.

闵丽华，2010.抗战期间丁颖与广东的水稻育种事业[J].农业考古（4）：39-45.

倪根金，2018.中国稻作学之父丁颖院士著述目录订补[J].古今农业（4）：109-114.

诺亚，2011.我国饲料科学的铺路人中国工程院院士、动物营养学家张子仪[J].湖北农业科学，50（12）：2368.

青宁生，2011.百年梦回伏羲堂——兽医微生物学家盛彤笙[J].微生物学报（2）：282-283.

邱式邦：我国现代生物防治的先驱者[N].科技日报，2007-10-25（005）.

瞿剑，庆祝"治蝗英雄"邱式邦院士百岁寿辰[N].科技日报，2010-10-31（001）.

任继周，2011.师德浩荡万古流——盛彤笙院士诞辰百年祭[J].草业科学（7）：1272-1274.

任继周，2022.盛彤笙院士的草业情缘 ——"盛彤笙草业科学奖学金"揭牌仪式发言稿[J].草业科学（1）：1-2.

施威，张璇，2014.中国农业科研体系演变、绩效与未来发展[J].中国集体经济（12）：64-65.

石马，1956.积极研究治蝗的邱式邦[J].农业科学通讯（6）：386-387.

谭光万，刘旭，王雯玥，等，2021.戴松恩院士与《作物学报》的创复刊[J].农学学报（10）：102-105.

涂雄兵，刘路路，张泽华，2021.邱式邦院士在中国蝗虫研究和防治实践中的贡献——纪念邱式邦院士诞辰110周年[J].中国生物防治学报,37(4):623-626.

王文元,2003.盛彤笙与中国第一所兽医学院[J].新西部(8):36-37.

武衡,1989.抗日战争时期解放区科学技术发展史资料[M].北京:万国学术出版社.

向昭颖,2019.盛彤笙:为畜牧兽医事业奉献一生[J].中国动物保健(12):5-6.

昕玲,2021.方悴农传:红色农学密码[M].北京:人民日报出版社.

信乃诠,2020.中国农业科学院发展简史研究[M].北京:中国农业科学技术出版社.

徐冠仁,1960.放射生物学对农业生产的贡献[J].原子能科学技术(5):245-254.

徐冠仁,1961.辐射育种的进展[J].中国农业科学(12):7-12.

徐冠仁,1980.创刊词[J].核农学报(1):1-2.

徐冠仁,1984.原子能农业应用前程似锦[J].核农学报(3):1-3.

徐冠仁,1989.庆祝中国原子能农学会成立十周年献词[J].核农学通报(2):51.

徐冠仁,1989.希望中国科学院为发展生物产业多作贡献[J].中国科学院院刊(3):247-248.

徐冠仁,1992.我国应用核技术发展生物产业[J].科技导报(3):32-33,64.

徐冠仁,王琳清,毛炎麟,等,1992.植物诱变育种学[M].北京:中国农业出版社.

徐冠仁,王琳清,张和琴,等,1995.核农学导论[M].北京:原子能出版社.

徐冠仁,项文美,1962.利用雄性不育系选育杂种高粱[J].中国农业科学(2):15-20.

徐矶,刘金旭,李炳坦,等,1962.若干养猪技术问题的商榷[J].中国农业科学(10):5-10.

徐叔华,1952.华北农业科学研究所防旱抗旱座谈会纪要[J].中国农业科学(2):3-5.

徐叔华,张明训,王守纯,等,1954.渤海湾北部盐碱地的利用与改良的研究[J].地理学报(4):451-481.

杨坚,2014."泥腿子"院士庄巧生:六十多年潜心小麦育种[J].中国农村科技(9):40-43.

杨坚,李日葵,胡文亮,2011.我的小麦育种经历片段——庄巧生口述[J].中国科技史杂志,32(2):188-199.

杨珉,2013.中央农业实验所与中国近代农学研究体制化[J].自然辩证法通讯,35(3):76-80,127.

杨珉,盛邦跃,2012.中央农业实验所与中国农业改进[J].农业考古(3):45-50.

杨珉,朱世桂,2012.中国近代农业科学体制化的社会史考察[J].安徽农业大学学报(社会科学版),21(6):108-114.

杨圣典,1987.卓越的业绩 沉痛的悼念:记盛彤笙先生二三事[J].江西畜牧兽医杂志(3):58-59.

杨舒,将毕生心血倾注于动物营养学[N].光明日报,2022-04-03(003).

杨延霞,2017.戴松恩:献身祖国大农业[J].今日科苑(9):56-61.

曾玉珊,2012.冯泽芳的棉作科学研究及其主要贡献[J].中国农史(4):18-27.

曾玉珊,王思明,2013.冯泽芳与抗战时期的后方棉产改进[J].安徽史学(2):37-43.

张官政，1988.著名农业昆虫学家——邱式邦[J].农业科技通讯（4）：34.

张合成，2021.传承邱式邦学术思想弘扬新时代科学家精神[J].中国生物防治学报，37（6）：1096-1097.

张新学，1996.金善宝[J].长寿（6）：2-2.

张志强，1984.徐特立同志与延安自然科学院[J].河南师范大学学报（社会科学版）（3）：80-84.

张子仪，1954.利用收获后玉米秸制造青贮试验工作总结[J].中国畜牧兽医杂志（3）：84-90.

张子仪，1958.砻糠粉不宜喂猪[J].农业科学通讯（2）：64-66.

张子仪，1958.棉铃壳适于喂那些家畜[J].中国农业科学（3）：144-145.

张子仪，1961.关于猪饲料营养价值评定方法的讨论[J].中国农业科学（9）：47-51.

张子仪，胡锡堃，1958.养猪积肥试验[J].中国畜牧学杂志（3）：180-184.

张子仪，黄俊纯，刘金旭，1965.猪的不同喂水量及喂水方法对其日粮的消化率和氮平衡的影响[J].中国畜牧杂志（3）：4-9.

张子仪，黄俊纯，田桂絮，等，1959.固氮菌接种饲料喂猪的效果[J].中国畜牧学杂志（2）：37.

张子仪，李炳坦，1961.对猪肥育试验研究方法的几点意见[J].中国农业科学（3）：27-31.

张子仪，吴同礼，1981.回归分析在猪饲料的消化能值评定上的应用[J].畜牧兽医学报（4）：1-6.

张子仪，吴同礼，林诚玉，等，1979.对猪鸡饲料营养价值评定方法中若干问题的商榷[J].中国畜牧杂志（2）：29-34.

章一华，1983.戴松恩[J].山西农业科学（3）：49.

赵朝忠，符金钟，张永光，等，2022.弘扬盛彤笙先生的科学精神，推动我国畜牧业高质量发展[J].中兽医医药杂志（5）：81-83.

赵增全，2014.金善宝：中国农业教育先驱[J].教育与职业（16）：106-107.

郑起东，2006.抗战时期大后方的农业改良[J].古今农业，（1）：52-66.

中国农业科学院，2018.农科英才（2017版）[M].北京：中国农业科学技术出版社.

中国农业科学院，2023.追忆世纪麦翁庄巧生[M].北京：中国农业出版社.

中国人民解放军国防大学，2007.中国人民解放军简史[M].第一版.南京：江苏人民出版社.

朱世桂，2012.中国农业科技体制百年变迁研究[D].南京：南京农业大学.

朱洗，1956.米丘林学说在中国发展的概况[J].生物学通报（2）：1-7.

庄巧生，1951.环境与小麦的品质[J].中国农业科学（9）：32-34.

庄巧生，1961.我国作物育种方法的新进展[J].中国农业科学（3）：51-53.

庄巧生，1982.关于小麦育种的动向与策略问题[J].福建农业科技（2）：14-19.

庄巧生，1989.西藏高原农作物栽培的调查研究[J].西藏农业科技（2）：28-45.

庄巧生，1995.《小麦核不育性和轮回选择育种》读后感[J].中国农业科学（2）：96.
庄永盛，1987.贾大林研究员谈淮北的灌溉[J].治淮（4）：2.
祖德明，1955.通过实践我对于米丘林学说的一些体会[J].农业科学通讯（11）：616-619.

附录 1

中国农业科学院两院院士

姓名	生卒年	专业方向	学术称号
丁　颖	1888—1964	著名农业科学家、教育家、水稻专家	中国科学院院士
金善宝	1895—1997	著名农业科学家、教育家、小麦育种专家	中国科学院院士
陈凤桐	1897—1980	著名农业科学家	中国科学院院士
冯泽芳	1899—1959	著名农业科学家	中国科学院院士
戴松恩	1907—1987	遗传育种学家	中国科学院院士
盛彤笙	1911—1987	兽医学家	中国科学院院士
邱式邦	1911—2010	农业昆虫学家	中国科学院院士
李竞雄	1913—1997	遗传育种学家	中国科学院院士
徐冠仁	1914—2004	核农学家	中国科学院院士
鲍文奎	1916—1995	遗传育种学家	中国科学院院士
朱祖祥	1916—1996	土壤学家	中国科学院院士
庄巧生	1916—2022	遗传育种专家	中国科学院院士
李　博	1929—1998	植物生态学家	中国科学院院士
卢良恕	1924—2017	育种与栽培学家	中国工程院院士
刘更另	1929—2010	土壤与植物营养学家	中国工程院院士
李光博	1922—1996	农业昆虫学家	中国工程院院士
沈荣显	1923—2012	兽医学家	中国工程院院士
方智远	1939—2023	蔬菜学家	中国工程院院士

续表

姓名	生卒年	专业方向	学术称号
张子仪	1925—2022	动物营养学家	中国工程院院士
董玉琛	1926—2011	种质资源学家	中国工程院院士
郭予元	1933—2017	农学昆虫学家	中国工程院院士
范云六	1930—	分子生物学家	中国工程院院士
李家洋	1956—	植物分子遗传学家	中国科学院院士
陈宗懋	1933—	茶学家、茶树植保学家	中国工程院院士
刘 旭	1953—	作物种质资源学家、农业发展战略专家	中国工程院院士
吴孔明	1964—	农业昆虫学家	中国工程院院士
喻树迅	1953—	棉花遗传育种学家	中国工程院院士
唐华俊	1960—	农业土地资源学家	中国工程院院士
万建民	1960—	水稻分子遗传与育种学家	中国工程院院士
陈化兰	1969—	病毒学家	中国科学院院士
王汉中	1963—	油菜遗传育种学家	中国工程院院士
胡培松	1964—	水稻遗传育种学家	中国工程院院士
李培武	1961—	农产品质量安全学家	中国工程院院士
钱 前	1962—	水稻种质资源学家	中国科学院院士
姚 斌	1967—	微生物工程学家	中国工程院院士
周 卫	1966—	植物营养学家	中国工程院院士
侯水生	1959—	动物遗传育种学家	中国工程院院士
黄三文	1971—	植物基因组学和遗传育种学家	中国科学院院士

附录 2

中国农业科学院建院以来获国家科技奖励成果

一、全国科学大会奖

序号	成果名称	获奖年度	主持单位	主持人
1	北方红麻短光照制种研究	1978	麻类研究所	郎续纲
2	水稻良种"京越1号"	1978	作物育种栽培研究所	沈锦骅
3	异源八倍体小黑麦	1978	作物育种栽培研究所	鲍文奎
4	冬小麦良种"北京10号""北京8号"	1978	作物育种栽培研究所	庄巧生
5	春小麦良种京红号	1978	作物育种栽培研究所	金善宝
6	玉米杂交种"白单4号"	1978	作物育种栽培研究所	朱光焕
7	小麦条锈病防治研究	1978	植物保护研究所	
8	红河橙——柑橘属大翼橙亚属的一个新种	1978	柑桔研究所	叶荫民
9	应用抗生素防治柑橘黄龙病	1978	柑桔研究所	赵学源
10	柑橘罐藏品种研究	1978	柑桔研究所	陈竹生 郑跃秋 郑敏镪
11	蝗虫综合防治研究（北部蝗区）	1978	植物保护研究所	邱式邦 李光博
12	农药六六六制造研制	1978	植物保护研究所	
13	农药混合粉剂的研制	1978	植物保护研究所	
14	飞机超低容量（简称ULV）喷雾技术在农林牧上的应用	1978	植物保护研究所	
15	甜菜新品种"甜研三号""甜研四号"	1978	甜菜研究所	陈玉璞 陈景文
16	喷灌技术	1978	农田灌溉研究所	余开德
17	烟草单倍体育种	1978	烟草研究所	龚明良
18	龙井茶新品种"龙井43"的选育	1978	茶叶研究所	陈文怀
19	井灌井排综合改良盐碱地	1978	土壤肥料研究所	王守纯
20	LF-1型离子自动分析仪	1978	土壤肥料研究所	胡文林
21	合理施用化肥，提高化肥利用率	1978	全国化肥网 土壤肥料研究所	李光锐 陈尚谨 梁德印
22	"中棉所3号"	1978	棉花研究所	黄滋康
23	果蔬罐藏品种研究	1978	郑州果树研究所 蔬菜研究所（并列）	宗学普 周永健 （并列）

续表

序号	成果名称	获奖年度	主持单位	主持人
24	多倍体无籽西瓜培育和研究	1978	郑州果树研究所	魏大钧
25	油菜萎缩不实病防治研究	1978	油料作物研究所	
26	甘蓝型油菜新品种——"甘油三号"	1978	油料作物研究所	刘澄清
27	主要蔬菜杂种优势利用	1978	蔬菜研究所	
28	梨新品种"早酥"和"锦丰"	1978	果树研究所	蒲富慎
29	花生根瘤新菌种选育及利用的研究	1978	土壤肥料研究所 原子能利用研究所	胡济生 周平贞
30	"5406"抗生菌肥	1978	土壤肥料研究所 原子能利用研究所	姚瑞林
31	磷矿粉的微生物分解	1978	土壤肥料研究所	姚瑞林
32	内疗素的研究和应用	1978	土壤肥料研究所 原子能利用研究所	郭好礼 廖瑞章
33	"原新一号"高粱雄性不育系及原杂号高粱的培选利用	1978	原子能利用研究所	张纯慎
34	NYD-Ⅱ型低水平β放射性测量仪	1978	原子能利用研究所	范广厦
35	农用标记化合物新品种的研制和生产	1978	原子能利用研究所	马昌燐 温贤芳
36	NYL-Ⅲ型伦琴计	1978	原子能利用研究所	黄日模
37	NYW-75型积温仪	1978	原子能利用研究所	沈德训
38	NYG-75型积光仪	1978	原子能利用研究所	戴炳明
39	茸鹿的驯化放养	1978	特产研究所	丛瀛滋
40	治疗囊虫病的新成药——囊虫丸	1978	特产研究所	韩 刚
41	彩色水貂杂交培育	1978	特产研究所	姜春生
42	9YL-306型饲料压粒机	1978	草原研究所	熊同佺 徐万宝
43	FD-1.5型风力发电装置	1978	草原研究所	徐定人 常全武
44	集体饲养肉猪的快速肥育技术	1978	畜牧研究所	李炳坦
45	输送卵虫法推广蜜蜂良种	1978	养蜂研究所	马德风
46	应用昆虫激素增产蚕丝的研究	1978	蚕业研究所	吕鸿声
47	羊痘鸡胚化弱毒疫苗	1978	哈尔滨兽医研究所	袁庆志
48	牛肺疫兔化弱毒菌苗	1978	哈尔滨兽医研究所	吴庭训
49	猪丹毒Gc42系弱毒菌苗的培育	1978	哈尔滨兽医研究所	
50	马传染性贫血病的诊断和免疫技术	1978	哈尔滨兽医研究所	

续表

序号	成果名称	获奖年度	主持单位	主持人
51	家畜布氏菌羊型五号弱毒菌苗和气雾免疫法	1978	哈尔滨兽医研究所	卢道纯
52	牛泰勒焦虫病裂殖体胶冻细胞苗	1978	哈尔滨兽医研究所	吕文顺
53	滴滴涕固体乳粉	1978	植物保护研究所	
54	乙基对硫磷及甲基对硫磷	1978	植物保护研究所	
55	中国水稻品种对光温条件反应特性研究	1978	中国农业科学院	丁颖

二、国家自然科学奖

1. 二等奖

序号	成果名称	获奖等级	获奖年度	主持单位	主持人
1	中国小麦条锈病的流行体系	二等奖	1987	植物保护研究所	陈善铭
2	禽流感病毒进化、跨种感染及致病力分子机制	二等奖	2013	哈尔滨兽医研究所	陈化兰
3	黄瓜基因组的演化和重要性状的功能基因研究	二等奖	2018	蔬菜花卉研究所	黄三文
4	动物流感病毒跨种感染人及传播能力研究	二等奖	2019	哈尔滨兽医研究所	陈化兰

2. 三等奖

序号	成果名称	获奖等级	获奖年度	主持单位	主持人
1	中国小麦的种类及其分布	三等奖	1982	中国农业科学院	金善宝 吴兆苏
2	粘虫越冬迁飞规律研究	三等奖	1982	植物保护研究所	李光博
3	中国小麦光温特性的研究	三等奖	1995	作物育种栽培研究所	金善宝

3. 四等奖

序号	成果名称	获奖等级	获奖年度	主持单位	主持人
1	粳型稻种的起源及其耐旱性与耐冷性	四等奖	1993	作物品种资源研究所	俞履圻
2	稻飞虱鸣声信息行为及其机制	四等奖	1995	水稻研究所	张志涛

三、国家技术发明奖

1. 特等奖

序号	成果名称	获奖年度	主持单位	主持人
1	籼型杂交水稻	1981	中国农业科学院 湖南省农业科学院	袁隆平等

2. 一等奖

序号	成果名称	获奖年度	主持单位	主持人
1	冬干鸭屎泥水稻"坐秋"及低产田改良的研究	1964	土壤肥料研究所	江朝余
2	豫北地区盐渍土棉麦保苗技术措施的研究	1964	土壤肥料研究所	王守纯
3	马传染性贫血病弱毒疫苗	1983	哈尔滨兽医研究所	沈荣显
4	多抗性丰产玉米杂交种"中单二号"	1984	作物育种栽培研究所	李竞雄
5	甘蓝自交不亲和系选育及其配制的七个系列新品种	1985	蔬菜研究所	方智远
6	抗病高产优质棉花新品种"中棉所 12"	1990	棉花研究所	谭联望

3. 二等奖

序号	成果名称	获奖年度	主持单位	主持人
1	棉花抗枯萎病、高产新品种"86-1"号	1985	植物保护研究所	马 存
2	综合应用生物技术创造抗黄矮病普通小麦新种质	1995	作物育种栽培研究所	辛志勇
3	抗病偏高糖型甜菜多倍体品种"甜研 301"	1988	甜菜研究所	杨炎生
4	抗病丰产番茄新品种"中蔬 5 号"和 "中蔬 6 号"的育成	1993	蔬菜花卉研究所	高振华
5	SM-1 在诱导三眠蚕生产超细纤度蚕丝的应用	1988	蚕业研究所	陆雪芳
6	布鲁氏菌羊种五号菌苗	1991	哈尔滨兽医研究所	卢道纯
7	太谷核不育小麦的发现、鉴定与初步利用	1998	作物育种栽培研究所	邓景扬
8	病毒浓缩工艺与猪 O 型口蹄疫灭活疫苗	1999	兰州兽医研究所	谢庆阁
9	我国抗稻白叶枯病粳稻近等基因系的培育及应用	2000	作物育种栽培研究所	章 琦
10	棉花抗虫基因的研制	2002	生物技术研究所	郭三堆
11	禽流感、新城疫重组二联活疫苗	2007	哈尔滨兽医研究所	陈化兰

续表

序号	成果名称	获奖年度	主持单位	主持人
12	后期功能型超级杂交稻育种技术及应用	2011	中国水稻研究所	程式华
13	猪产肉性状相关重要基因发掘、分子标记开发及其育种应用	2012	北京畜牧兽医研究所	李 奎
14	低成本易降解肥料用缓释材料创制与应用	2013	农业资源与农业区划研究所	张夫道
15	花生低温压榨制油与饼粕蛋白高值化利用关键技术及装备创制	2014	农产品加工研究所	王 强
16	油菜高含油量聚合育种技术及应用	2014	油料作物研究所	王汉中
17	农产品黄曲霉毒素靶向抗体创制与高灵敏检测技术	2015	油料作物研究所	李培武
18	花生收获机械化关键技术与装备	2015	南京农业机械化研究所	胡志超
19	蜂产品优质安全生产全程控制与增值加工新技术及其应用	2017	蜜蜂研究所	吴黎明
20	小麦与冰草属间远缘杂交技术及其新种质创制	2018	作物科学研究所	李立会
21	猪传染性胃肠炎、猪流行性腹泻、猪轮状病毒三联活疫苗创制与应用	2018	哈尔滨兽医研究所	冯 力
22	农产品中典型化学污染物精准识别与检测关键技术	2019	农业质量标准与检测技术研究所	王 静
23	猪用重组口蹄疫O型、A型二价灭活疫苗的创制与应用	2023	兰州兽医研究所	郑海学

4. 三等奖

序号	成果名称	获奖年度	主持单位	主持人
1	新农用抗菌素——多效霉素	1980	原子能利用研究所	尹莘耘
2	茶皂素石蜡乳化剂（TS-80）	1984	茶叶研究所	夏春华
3	利用磷肥副产品制造新型杀菌剂氟硅脲	1985	植物保护研究所	屠予钦 魏 岑
4	异源细胞质（粗山羊草）小麦新种质的创造及利用	1995	作物育种栽培研究所	陈 孝
5	低成本黄胞胶的生产方法	1993	土壤肥料研究所	程桂荪
6	多抗高产广适性油菜新品种"中油821"	1992	油料作物研究所	贺源辉
7	苎麻细菌化学联合脱胶技术	1990	麻类研究所	孙庆祥
8	保护地专用新品种"中农5号"黄瓜	1995	蔬菜花卉研究所	方秀娟

续表

序号	成果名称	获奖年度	主持单位	主持人
9	马铃薯抗菌肽基因工程技术体系的建立及抗青枯病新株系的获得	1997	生物技术研究中心	贾士荣
10	"中育7号"甜橙的育成与应用	1999	柑桔研究所	周育彬
11	牛肺疫兔化弱毒菌苗、兔化绵羊适应菌苗和微量凝集诊断技术	1999	哈尔滨兽医研究所	吴庭训

5. 四等奖

序号	成果名称	获奖年度	主持单位	主持人
1	TO-891制茶专用油脂	1992	茶叶研究所	夏春华
2	育成优质高产多抗早籼新品种"中优早3号"	1997	水稻研究所	黄松发

四、国家科学技术进步奖

1. 一等奖

序号	成果名称	获奖年度	主持单位	主持人
1	聚乙烯地膜及地膜覆盖栽培技术	1984	蔬菜研究所	王耀林
2	全国棉花品种区域试验及其结果应用	1984	棉花研究所	张方域
3	育成高产、优质、多抗杂交水稻新组合"汕优10号"	1993	水稻研究所	叶复初
4	适合麦棉两熟夏套棉花新品种"中棉所16"	1995	棉花研究所	黄祯茂
5	高产优质多抗棉花新品种"中棉所19"	1998	棉花研究所	蔡荣芳
6	中国农作物种质资源收集保存评价与利用	2003	中国农业科学院	
7	印水型水稻不育胞质的发掘及应用	2005	中国水稻研究所	张慧廉
8	H5亚型禽流感灭活疫苗的研制及应用	2005	哈尔滨兽医研究所	于康震
9	中国小麦品种品质评价体系建立与分子改良技术研究	2008	作物科学研究所	何中虎
10	矮败小麦及其高效育种方法的创建与应用	2010	作物科学研究所	刘秉华
11	中国小麦条锈病菌源基地综合治理技术体系的构建与应用	2012	植物保护研究所	陈万权
12	广适高产优质大豆新品种"中黄13"的选育与应用	2012	作物科学研究所	王连铮
13	中国农业科学院作物科学研究所小麦种质资源与遗传改良创新团队	2016	作物科学研究所	刘 旭

2. 二等奖

序号	成果名称	获奖年度	主持单位	主持人
1	甘蓝型油菜新品系"甘油5号"	1984	油料作物研究所	贺源辉 王信家
2	全国作物品种资源补充征集	1984	作物品种资源研究所	许运天
3	小麦"叶龄指标促控法"栽培管理技术体系	1984	作物育种栽培研究所	张锦熙
4	我国水貂病毒性肠炎病原分离、鉴定，特异性诊断及同源组织灭活苗	1984	特产研究所	高 云
5	中国饲料成分及营养价值表	1984	畜牧研究所	张子仪
6	全国微量元素硒含量分布的调查研究	1984	畜牧研究所	苏 琪
7	（"苏蚕3号"×"秋3"）×"苏蚕4号"的育成和推广	1984	蚕业研究所	何斯美
8	中国粮食和经济作物发展综合研究	1987	中国农业科学院	卢良恕
9	我国中长期食物发展战略总体研究	1993	中国农业科学院	卢良恕
10	全国大区级小麦良种区域试验"六五"成果及其应用	1987	作物育种栽培研究所	庄巧生
11	西藏作物品种资源考察	1987	作物品种资源研究所	黄亨履
12	作物种质资源保存新技术	1992	作物品种资源研究所	马缘生
13	小麦属间杂种染色体自然加倍种质的发现和利用	1992	作物品种资源研究所	许树军
14	我国氮磷钾化肥的肥效演变和提高增产效益的主要途径	1987	土壤肥料研究所	张乃凤
15	喷灌技术研究和推广	1992	农田灌溉研究所	余开德
16	控制棉花主要病虫综合防治对策及关键技术	1988	植物保护研究所	齐兆生
17	赤眼蜂应用基础、工厂化中试生产新工艺及示范区的建立	1995	生物防治研究所	王承纶
18	中国苏云金杆菌杀虫剂的商品化生产、质量标准化及应用	1995	生物防治研究所	谢天健
19	我国粮食产需区域平衡研究	1989	农业自然资源和农业区划研究所	汤之怡
20	中国亚洲棉性状研究及其利用	1989	棉花研究所	项显林
21	全国不同生态区优质棉高产技术研究与应用	1993	棉花研究所	项时康
22	适于麦棉套种的棉花新品种"中棉所-17"	1996	棉花研究所	蔡荣芳
23	优质丰产多抗（耐）广适性烤烟新品种"中烟90"	1995	烟草研究所	刘洪祥
24	蔬菜种质资源的搜集、研究和利用	1993	蔬菜花卉研究所	戚春章

续表

序号	成果名称	获奖年度	主持单位	主持人
25	甘蓝新品种"中甘11号"和"中甘8号"的育成	1991	蔬菜花卉研究所	方智远
26	优质、抗病、丰产甜椒新品种"中椒4号"和"中椒5号"的育成	1996	蔬菜花卉研究所	郭家珍
27	果树资源性状鉴定及优异种质筛选	1995	果树研究所	蒲富慎
28	果树种质圃的建立	1993	柑桔研究所	叶荫民
29	茶叶天然抗氧化剂的提取及其应用	1992	茶叶研究所	陈瑞峰
30	茶树优质资源系统鉴定与综合评价	1996	茶叶研究所	俞永明
31	家蚕品种资源的研究	1987	蚕业研究所	易文仲
32	抗病丰产桑品种"育2号"及早生桑"育151""育237"的育成与推广	1993	蚕业研究所	孙晓霞
33	桑黄化型萎缩病病原及防治技术体系	1995	蚕业研究所	鲖元章
34	家畜家禽品种资源调查及《中国畜禽品种志》的编写	1987	畜牧研究所	郑丕留
35	鸡的饲养标准和饲料配方的研究	1987	畜牧研究所	王和民
36	羊流产衣原体灭活苗的研制	1991	兰州兽医研究所	杨学礼
37	兽用抗菌新药"痢菌净"的研制及大面积推广应用	1987	中兽医研究所	赵荣材
38	猪传染性萎缩性鼻炎油佐剂灭活菌苗	1995	哈尔滨兽医研究所	彭发泉
39	中国北方草地草畜平衡动态监测系统试点试验研究	1997	草原研究所	李 博
40	猪、鸡营养参数及配方新技术研究	1997	畜牧研究所	黄俊纯
41	农业血防综合治理新技术	1997	上海家畜寄生虫病研究所	王庆坡
42	气候变化对农业、水文水资源、森林及沿海地区海平面的影响及对策	1998	农业气象研究所	林而达
43	家蚕春用多丝量新品种春·蕾×镇珠的育成与推广	1998	蚕业研究所	吴玉澄
44	0—2周龄肉仔鸡营养参数及饲料配制技术研究	1998	畜牧研究所	文 杰
45	早熟春甘蓝新品种"8398"的育成	1998	蔬菜花卉研究所	方智远
46	含氯化肥科学施肥和机理的研究	1998	土壤肥料研究所	李家康
47	适合麦棉两熟的夏套低酚棉花新品种——"中棉所20"	1999	棉花研究所	喻树讯
48	中国瘦肉猪新品系选育与配套技术	1999	畜牧研究所	赵含章

续表

序号	成果名称	获奖年度	主持单位	主持人
49	瘤胃微生物脲酶抑制剂的合成与应用	1999	畜牧研究所	王加启
50	稻瘟菌的遗传多样性及其菌丝融合后代的致病性变异	1999	中国水稻研究所	沈 英
51	猪口蹄疫病毒系统发生树及其应用	2000	兰州兽医研究所	谢庆阁
52	保护地番茄新品种"中杂9号"和"中杂8号"的育成	2000	蔬菜花卉研究所	高振华
53	北方土壤供钾能力及钾肥高效施用技术研究	2000	土壤肥料研究所	金继运
54	新型背负式机动喷粉喷雾机研制开发	2001	南京农业机械化研究所	林光武
55	双低高产高抗油菜新品种"中双七号"（"中油119"）选育与应用	2001	油料作物研究所	邹崇顺
56	北方旱农区域治理与综合发展研究	2001	中国农业科学院	信乃诠
57	主要花生病毒株系、病害发生规律和防治	2001	油料作物研究所	许泽永
58	家蚕品种资源特殊性状研究及种质的创新与利用	2001	蚕业研究所	林昌麒
59	基因工程酵母生产饲料用植酸酶	2001	饲料研究所	姚 斌
60	南方红黄壤地区综合治理与农业可持续发展技术研究	2002	中国农业科学院	杨炎生
61	中国西门塔尔牛新品种选育	2003	北京畜牧兽医研究所	许尚忠
62	高产优质抗（耐）病广适性油菜新品种"中油杂2号"的选育与应用	2004	油料作物研究所	李云昌
63	生化辅助育种技术选育优质、多抗丰产系列棉花新品种——"中棉所24、27和36"	2004	棉花研究所	喻树迅
64	双低油菜芥酸硫甙定量速测技术及仪器的研制与应用	2004	油料作物研究所	李培武
65	超级稻"协优9308"选育、超高产生理基础研究及生产集成技术示范推广	2004	中国水稻研究所	程式华
66	梅花鹿、马鹿高效养殖增值技术	2004	特产研究所	杨福合
67	猪病毒性腹泻二联疫苗	2004	哈尔滨兽医研究所	马思奇
68	主要作物硫钙营养特性、机制与肥料高效施用技术研究	2005	农业资源与农业区划研究所	周 卫
69	棉花规模化转基因技术体系平台建设及其应用	2005	棉花研究所	李付广
70	野生与特色棉花遗传资源的创新与利用	2006	棉花研究所	王坤波
71	高产、优质、多抗、广适棉花杂交种"中棉所29"选育及推广应用	2006	棉花研究所	邢朝柱
72	甜、辣椒优异种质创新与新品种选育	2006	蔬菜花卉研究所	张宝玺

续表

序号	成果名称	获奖年度	主持单位	主持人
73	微生物农药发酵新技术新工艺及重要产品规模应用	2006	农业环境与可持续发展研究所	朱昌雄
74	优质高效型油菜"中双9号"的选育及其重要性状的分子基础研究	2006	油料作物研究所	王汉中
75	鸡传染性喉气管炎重组鸡痘病毒基因工程疫苗	2006	哈尔滨兽医研究所	童光志
76	棉铃虫区域迁飞规律和监测预警技术的研究与应用	2007	植物保护研究所	吴孔明
77	油料低温制油及蛋白深加工技术的研究与应用	2007	油料作物研究所	黄凤洪
78	大通牦牛新品种及培育技术	2007	兰州畜牧与兽药研究所	陆仲麟
79	重大外来入侵害虫——烟粉虱的研究与综合防治	2008	蔬菜花卉研究所	张友军
80	防治重大抗性害虫多分子靶标杀虫剂的研究开发与应用	2008	植物保护研究所	冯平章
81	双低油菜全程质量控制保优栽培技术及标准体系的建立与应用	2008	油料作物研究所	李培武
82	中国农作物种质资源本底多样性和技术指标体系及应用	2009	作物科学研究所	刘 旭
83	中国北方冬小麦抗旱节水种质创新与新品种选育利用	2009	作物科学研究所	景蕊莲
84	高效广适双价转基因抗虫棉"中棉所41"	2009	棉花研究所	郭香墨
85	南方红壤区旱地的肥力演变、调控技术及产品应用	2009	农业环境与可持续发展研究所	曾希柏
86	都市型设施园艺栽培模式创新及关键技术研究与示范推广	2009	农业环境与可持续发展研究所	杨其长
87	"新兽药"喹烯酮"的研制与产业化	2009	兰州畜牧与兽药研究所	赵荣才
88	水稻重要种质创新及其应用	2010	中国水稻研究所	钱 前
89	棉铃虫对Bt棉花抗性风险评估及预防性治理技术的研究与应用	2010	植物保护研究所	吴孔明
90	猪繁殖与呼吸综合征防制技术及应用	2010	哈尔滨兽医研究所	蔡学辉
91	棉花组织培养性状纯化及外源基因功能验证平台构建	2010	棉花研究所	李付广
92	高产、高含油量、广适应性油菜"中油杂11"的选育与应用	2011	油料作物研究所	李云昌
93	仔猪健康养殖营养饲料调控技术及应用	2011	北京畜牧兽医研究所	张宏福
94	玉米高产高效生产理论及技术体系研究与应用	2011	作物科学研究所	李少昆
95	优质早籼高效育种技术研创及新品种选育应用	2012	中国水稻研究所	胡培松

续表

序号	成果名称	获奖年度	主持单位	主持人
96	优质乳生产的奶牛营养调控与规范化饲养关键技术及应用	2012	北京畜牧兽医研究所	王加启
97	主要农作物遥感监测关键技术研究及业务化应用	2012	农业资源与农业区划研究所	唐华俊
98	畜禽粪便沼气处理清洁发展机制方法学和技术开发与应用	2012	农业环境与可持续发展研究所	董红敏
99	柑橘良种无病毒三级繁育体系构建与应用	2012	柑桔研究所	周常勇
100	主要农业入侵生物的预警与监控技术	2013	植物保护研究所	万方浩
101	旱作农业关键技术与集成应用	2013	农业环境与可持续发展研究所	梅旭荣
102	桃优异种质发掘、优质广适新品种培育与利用	2013	郑州果树研究所	王力荣
103	北京鸭新品种培育与养殖技术研究应用	2013	北京畜牧兽医研究所	侯水生
104	甘蓝雄性不育系育种技术体系的建立与新品种选育	2014	蔬菜花卉研究所	方智远
105	小麦种质资源重要育种性状评价与创新利用	2014	作物科学研究所	李立会
106	农业旱涝灾害遥感监测技术	2014	农业资源与农业区划研究所	唐华俊
107	超级稻高产栽培关键技术及区域化集成应用	2014	中国水稻研究所	朱德峰
108	饲料用酶技术体系创新及产品创制	2014	饲料研究所	姚 斌
109	玉米冠层耕层优化高产技术体系研究与应用	2015	作物科学研究所	赵 明
110	CIMMYT 小麦引进、研究与创新利用	2015	作物科学研究所	何中虎
111	玉米田间种植手册与挂图	2015	作物科学研究所	李少昆
112	主要粮食产区农田土壤有机质演变与提升综合技术及应用	2015	农业资源与农业区划研究所	徐明岗
113	多抗稳产棉花新品种"中棉所49"的选育技术及应用	2016	棉花研究所	严根土
114	节粮优质抗病黄羽肉鸡新品种培育与应用	2016	北京畜牧兽医研究所	文 杰
115	新发口蹄疫疫苗创制和应用	2016	兰州兽医研究所	才学鹏
116	农药高效低风险技术体系创建与应用	2016	植物保护研究所	郑永权
117	南方低产水稻土改良与地力提升关键技术	2016	农业资源与农业区划研究所	周 卫
118	油料功能脂质绿色高效提质关键技术与产品创制	2016	油料作物研究所	黄凤洪

续表

序号	成果名称	获奖年度	主持单位	主持人
119	中国野生稻种质资源调查、原生境保护与创新利用	2017	作物科学研究所	杨庆文
120	早熟优质多抗马铃薯新品种选育与应用	2017	蔬菜花卉研究所	金黎平
121	食用菌种质资源鉴定评价技术与广适性品种选育	2017	农业资源与农业区划研究所	张金霞
122	花生抗黄曲霉优质高产品种的培育与应用	2017	油料作物研究所	廖伯寿
123	智能LED植物工厂关键技术及其系统集成应用	2017	农业环境与可持续发展研究所	杨其长
124	全国农田面源污染监测技术体系的创建与应用	2017	农业资源与农业区划研究所	任天志
125	大豆优异种质挖掘、创新与利用	2018	作物科学研究所	邱丽娟
126	黄瓜优质多抗种质资源创制与新品种选育	2018	蔬菜花卉研究所	顾兴芳
127	畜禽粪便污染监测核算方法和减排增效关键技术研发与应用	2018	农业环境与可持续发展研究所	董红敏
128	我国典型红壤区农田酸化特征及防治关键技术构建与应用	2018	农业资源与农业区划研究所	徐明岗
129	羊肉梯次加工关键技术及产业化	2018	农产品加工研究所	张德权
130	耐密高产广适玉米新品种"中单808"和"中单909"培育与应用	2019	作物科学研究所	黄长玲
131	家畜养殖数字化关键技术与智能饲喂装备创制及应用	2019	北京畜牧兽医研究所	熊本海
132	优质专用小麦生产关键技术百问百答	2019	作物科学研究所	赵广才
133	重大蔬菜害虫韭蛆绿色防控关键技术创新与应用	2019	蔬菜花卉研究所	张友军
134	茶叶中农药残留和污染物管控技术体系创建及应用	2019	茶叶研究所	陈宗懋
135	玉米优异种质资源规模化发掘与创新利用	2020	作物科学研究所	王天宇
136	北方旱地农田抗旱适水种植技术及应用	2020	农业环境与可持续发展研究所	梅旭荣
137	畜禽饲料质量安全控制关键技术创建与应用	2020	北京畜牧兽医研究所	秦玉昌
138	奶及奶制品安全控制与质量提升关键技术	2020	北京畜牧兽医研究所	王加启
139	奶牛高发病防治系列新兽药创制与应用	2020	饲料研究所	李秀波
140	主要粮食作物养分资源高效利用关键技术	2020	农业资源与农业区划研究所	周 卫
141	超高产专用早籼稻品种"中嘉早17"等的选育与应用	2020	中国水稻研究所	胡培松
142	肉鸭高效育种技术创建与新品种培育及产业化	2023	北京畜牧兽医研究所	侯水生

3. 三等奖

序号	成果名称	获奖年度	主持单位	主持人
1	红壤稻田持续高产的研究	1984	土壤肥料研究所	刘更另
2	山东省土壤速效锌普查及锌肥使用技术的示范推广	1984	土壤肥料研究所	王淑慧
3	长江中游地区水田三熟油菜高产栽培技术	1984	油料作物研究所	赵合句
4	夏大豆新品种"鄂豆二号"	1984	油料作物研究所	王国勋
5	我国南方茶花蜜源的采集利用和防止蜜蜂茶花蜜中毒的技术	1984	养蜂研究所	范正友
6	我国西半部地区粘虫常发世代虫源及预测预报技术	1984	植物保护研究所	李光博
7	玉米螟人工大量饲养、抗螟性鉴定及高效治螟技术	1984	植物保护研究所	周大荣
8	"核爆炸对农作物、土壤、种子的破坏及防护"研究	1984	原子能利用研究所	魏烈刚 徐世明
9	黄麻亩产千斤规律及技术	1984	麻类研究所	吴旭昌
10	国外水稻种质资源主要农艺性状和抗三病二虫鉴定研究与利用	1988	作物品种资源研究所	俞履圻
11	国家农作物种质资源数据库系统	1992	作物品种资源研究所	张贤珍
12	主要粮食作物种质资源抗旱（涝）性鉴定及其利用的研究	1993	作物品种资源研究所	胡荣海
13	八种粮食作物种质资源抗病虫特性鉴定与评价	1995	作物品种资源研究所	吴全安
14	盐湖钾肥的合理施用和农业评价	1987	土壤肥料研究所	梁德印
15	几种主要农作物锌、硼肥施用技术规范	1989	土壤肥料研究所	谢振翅
16	旱作碳酸氢铵深施机具及提高肥效技术措施的研究	1989	土壤肥料研究所	林葆
17	新农用抗菌素120及其产生菌的分离、鉴定生产工艺和应用	1987	土壤肥料研究所	谢德龄
18	VA菌根主要生物学特性及应用	1995	土壤肥料研究所	汪洪钢
19	雾化喷头的研制及应用技术	1988	农田灌溉研究所	付琳
20	控制棉铃虫猖獗危害配套综合防治关键技术	1996	植物保护研究所	王武刚
21	应用芫菁夜蛾线虫防治小木蠹蛾	1991	生物防治研究所	杨怀文
22	新农用标准化合物和同位素示踪新技术	1995	原子能利用研究所	温贤芳
23	我国核试验场下风向地区农业环境中放射性水平的调查和评价	1996	原子能利用研究所	顾八明

续表

序号	成果名称	获奖年度	主持单位	主持人
24	中国饲料区划	1990	农业自然资源和农业区划研究所	于学礼
25	编制《农业科学叙词表》与建立叙词库系统的研究	1995	科技文献信息中心	方陆明
26	棉花品种资源开发与利用	1987	棉花研究所	项显林
27	黄淮地区棉麦高产综合技术研究与示范	1996	棉花研究所	汪若海
28	中国花生病毒种类及分布	1990	油料作物研究所	许泽永
29	长江上中游两熟制油菜秋发高产技术及生物学基础	1995	油料作物研究所	赵合句
30	广适性高产夏大豆新品种——"中豆19"	1995	油料作物研究所	王国勋
31	甜菜多倍体新品种"甜研302"的育成与推广	1995	甜菜研究所	杨炎生
32	红麻高产、抗病、中熟品种"7804"的选育与推广	1990	麻类研究所	刘伟杰
33	我国地方晾晒烟资源普查和品质鉴定	1992	烟草研究所	王宝华
34	烟草种间体细胞杂交育成新品系进入生产应用阶段	1993	烟草研究所	龚明良
35	全国烟草侵染性病害调查研究	1995	烟草研究所	陈瑞泰
36	烟草品种资源收集、繁种、鉴定和利用	1996	烟草研究所	蒋予恩
37	高抗TMV丰产番茄新品种——"中蔬4号"（鲜丰）的育成	1989	蔬菜花卉研究所	李树德
38	红香蕉苹果产地贮藏系列技术	1989	果树研究所	宋壮兴
39	苹果花药培养技术及8个主栽品种花粉植株培育成功	1991	果树研究所	薛光荣
40	苹果花芽分化激素调节机理及控制技术	1992	果树研究所	周学明
41	苹果树腐烂病发生规律和防治技术	1988	果树研究所	陈 策
42	西瓜新品种——"郑州三号"的培育和应用	1987	郑州果树研究所	李子云
43	基本查清全国猕猴桃资源	1991	郑州果树研究所	崔致学
44	高配合力的蜜枚四倍体和"蜜枚无籽一号"西瓜的培育和应用	1996	郑州果树研究所	谭素英
45	哈姆林甜橙的引种及推广	1990	柑桔研究所	程代振

续表

序号	成果名称	获奖年度	主持单位	主持人
46	瘦肉型猪综合标准（国家标准）	1991	畜牧研究所	赵含章
47	南方六省草山草坡改良及利用技术	1992	畜牧研究所	陈哲忠
48	太湖猪性早熟和高繁殖力的特性	1995	畜牧研究所	王瑞祥
49	中国黄牛品种聚类	1995	畜牧研究所	陈幼春
50	全国主要栽培牧草种子质量分级标准的研究与制订	1988	草原研究所	陈凤林
51	绵羊免疫双胎技术	1993	兰州畜牧研究所	王利智
52	羊支原体肺炎病原、诊断和疫苗研制	1996	兰州兽医研究所	邓光明
53	猪传染性胃肠炎弱毒疫苗	1988	哈尔滨兽医研究所	马思奇
54	哈尔滨白兔育种	1990	哈尔滨兽医研究所	张军飞
55	马传贫病马与其弱毒疫苗免疫马血清抗体鉴别法	1995	哈尔滨兽医研究所	卢景良
56	蜜蜂强群优质高产饲养技术	1993	蜜蜂研究所	沈基楷
57	山葡萄大面积家植配套技术	1989	特产研究所	林兴贵
58	西洋参种源基地建设及综合栽培技术	1990	特产研究所	王铁生
59	茸鹿杂交优势利用	1993	特产研究所	郑兴涛
60	茶叶中农药残留预测技术	1997	茶叶研究所	陈宗懋
61	大白菜品种资源研究与中白系列新品种的育成	1997	蔬菜花卉研究所	王景义
62	牛O型口蹄疫灭活疫苗研究	1997	兰州兽医研究所	况乾锡
63	小麦远缘杂交中外源染色体的分子标记鉴定	1997	作物品种资源研究所	贾继增
64	黄羽肉鸡新品系选育与配套研究	1997	畜牧研究所	黄梅南
65	华北地区节水型农业技术体系研究与示范	1997	农田灌溉研究所	胡毓骐
66	中国主要麻类作物种质资源的搜集、鉴定与利用	1997	麻类研究所	孙家增
67	国外主要果树引种试种研究与利用	1997	作物品种资源研究所	郝素琴
68	有机废水厌氧消化高活性污泥驯化及其微生物学研究	1997	沼气科学研究所	赵一章

续表

序号	成果名称	获奖年度	主持单位	主持人
69	《中国茶经》	1998	茶叶研究所	陈宗懋
70	家兔巴氏菌、波氏菌血清诊断及灭活油佐剂二联苗	1998	哈尔滨兽医研究所	王西川
71	利用核技术研究六种农田化学物质环境生态行为与安全性评价	1998	原子能利用研究所	于凤义
72	我国木本蛋白质饲料资源银合欢毒性及脱毒利用的研究	1998	畜牧研究所	汪傲
73	《中国农业科学技术史稿》	1998	农业遗产研究室	梁家勉
74	高产多抗优质花生新品种"中花4号"的选育与应用	1998	油料作物研究所	唐桂英
75	小麦红吸浆虫种群动态规律及综合治理技术体系	1998	植物保护研究所	倪汉祥
76	中国稻种资源繁种、鉴定评价与利用	1998	作物品种资源研究所	黄清港
77	晋东豫西旱农类型区农林牧综合发展优化模式	1999	农业气象研究所	梅旭荣
78	我国动物甲烷排放测定与国家清单编制	1999	农业气象研究所	林而达
79	地克珠利（Diclazuril）的研制与开发	1999	上海家畜寄生虫病研究所	史天卫
80	芽苗菜及其规范化生产技术	1999	蔬菜花卉研究所	王德槟
81	高糖兼抗病型甜菜多倍体新品种"甜研303"和"304"的育成与推广	1999	甜菜研究所	杨炎生
82	"繁6"及其衍生系小麦抗条锈性变异对策研究	1999	植物保护研究所	吴立人
83	土壤养分综合系统评价法与平衡施肥技术	1999	土壤肥料研究所	金继运

五、国家星火科技奖

序号	成果名称	获奖等级	获奖年度	主持单位	主持人
1	优良桑蚕茧丝绸综合技术开发和应用	三等奖	1988	蚕业研究所	朱竹雯
2	禽白血病的琼扩检测与防制方法	三等奖	1992	哈尔滨兽医研究所	张晶
3	多茶类组合生产技术	四等奖	1991	茶叶研究所	沈培和

附录 3

2018年以来中国农业科学院入选农业农村部主推技术

2018 年

序号	推荐技术名称	依托单位
1	水稻高低温灾害防控技术	中国水稻研究所
2	玉米免耕种植技术	作物科学研究所
3	夏玉米精量直播晚收高产栽培技术	作物科学研究所
4	油菜机械化播种与联合收获技术	南京农业机械化研究所
5	油菜根肿病绿色防控技术	油料作物研究所
6	花生机械化播种与收获技术	南京农业机械化研究所
7	花生枯萎病及叶部病害综合防控技术	油料作物研究所
8	花生黄曲霉素全程控制技术	油料作物研究所 农业质量标准与检测技术研究所
9	棉花机械化精准化生产技术	南京农业机械化研究所
10	茶园全程机械化管理技术	南京农业机械化研究所
11	提高母猪断奶健仔数（PSY）技术	北京畜牧兽医研究所
12	奶牛同期排卵——定时输精技术	北京畜牧兽医研究所
13	羔羊早期断奶及人工哺乳技术	饲料研究所
14	肉鸡禽流感综合防控技术	哈尔滨兽医研究所
15	禽白血病净化技术	哈尔滨兽医研究所
16	农田地膜污染综合防控技术	农业环境与可持续发展研究所

2019 年

序号	推荐技术名称	依托单位
1	蔬菜根结线虫绿色防控技术	蔬菜花卉研究所
2	基于产量反应和农学效率的玉米、水稻和小麦推荐施肥方法	农业资源与农业区划研究所
3	数字牧场技术	农业资源与农业区划研究所
4	茶园化肥减施增效技术模式	茶叶研究所

续表

序号	推荐技术名称	依托单位
5	玉米密植高产全程机械化生产技术	作物科学研究所
6	玉米免耕种植技术	作物科学研究所
7	玉米条带耕作密植高产技术	作物科学研究所
8	油菜绿色高质高效生产技术	油料作物研究所
9	油菜菌核病、根肿病综合防控技术	油料作物研究所
10	基于数量化标准的全程机械化植棉技术	棉花研究所
11	空心莲子草生物防治技术	农业环境与可持续发展研究所
12	大豆机械化高质低损收获技术	南京农业机械化研究所
13	茎叶类蔬菜全程机械化生产技术	南京农业机械化研究所
14	水稻精量育秧播种技术	南京农业机械化研究所
15	梨绿色提质增效栽培技术	郑州果树研究所
16	优质乳生产的奶牛营养调控与规范化饲养技术	北京畜牧兽医研究所
17	奶牛全混合日粮（TMR）应用与评价技术	北京畜牧兽医研究所
18	利用天敌昆虫防控设施蔬菜害虫的轻简化配套技术	植物保护研究所

2020—2021 年

序号	推荐技术名称	依托单位
1	稻茬麦秸秆还田整地播种一体化机播技术	南京农业机械化研究所
2	水稻叠盘出苗育秧技术	中国水稻研究所
3	玉米密植高产全程机械化生产技术	作物科学研究所
4	马铃薯绿色高效栽培技术	蔬菜花卉研究所
5	黄淮海夏大豆免耕覆秸机械化生产技术	作物科学研究所
6	油菜精量联合播种与广适低损高品质收获技术	南京农业机械化研究所
7	西北内陆棉区"宽早优"绿色高质高效机采棉生产技术	棉花研究所
8	"一改二精三高"鲜食葡萄高效栽培技术	果树研究所

续表

序号	推荐技术名称	依托单位
9	设施高品质生食果蔬生态基质无土栽培稳产技术	蔬菜花卉研究所
10	茶园化肥减施增效生产技术	茶叶研究所 南京农业机械化研究所
11	甘薯机械化栽插与碎蔓收获技术	南京农业机械化研究所
12	水稻病害"一浸两喷"精准防控技术	中国水稻研究所
13	南方稻田豆科绿肥与稻草联合利用养地减肥技术	农业资源与农业区划研究所
14	奶牛精准饲养技术	北京畜牧兽医研究所
15	冷鲜肉减损保鲜物流关键技术	农产品加工研究所
16	奶产品三维评价技术	北京畜牧兽医研究所
17	北方地区秸秆捆烧清洁供暖关键技术	农业环境与可持续发展研究所
18	畜禽粪便就近低成本处理利用集成技术	农业环境与可持续发展研究所 南京农业机械化研究所
19	分散式农业废弃物能源化利用技术	成都沼气科学研究所 农业资源与农业区划研究所
20	农业废弃物食用菌基质化利用技术	农业资源与农业区划研究所
21	稻田氮磷流失田沟塘协同防控技术	农业资源与农业区划研究所

2022 年

序号	推荐技术名称	依托单位
1	水稻叠盘出苗育秧技术	中国水稻研究所
2	机插水稻无土基质育秧技术	中国水稻研究所
3	水稻机插智能育供秧模式与技术	中国水稻研究所
4	麦田杂草"两监测三精准"综合防治技术	植物保护研究所
5	小麦匀播节水减氮高产高效技术	作物科学研究所
6	玉米地膜替代绿色生产技术	作物科学研究所

续表

序号	推荐技术名称	依托单位
7	旱地春玉米抗旱适水种植技术	农业环境与可持续发展研究所
8	玉米水肥一体化密植高产粒收技术	作物科学研究所
9	油菜毯状苗移栽与收获机械化技术	南京农业机械化研究所
10	花生机械化免耕播种技术	南京农业机械化研究所
11	稻茬麦秸秆还田整地播种一体化机播技术	南京农业机械化研究所
12	稻米半干法磨粉技术	农产品加工研究所
13	玉米机械籽粒收获技术	作物科学研究所
14	大豆智能化高质低损机收技术	南京农业机械化研究所
15	黄淮海夏大豆免耕覆秸机械化生产技术	作物科学研究所
16	油菜精量联合播种与高质低损收获机械化技术	南京农业机械化研究所
17	花生加工适宜性评价技术	农产品加工研究所
18	南方水稻节肥养地型绿肥种植利用技术	农业资源与农业区划研究所
19	稻田秸秆还田的丰产减排耕作技术	作物科学研究所
20	黄淮海小麦玉米绿色肥料减排减碳增产技术	农业资源与农业区划研究所
21	冬小麦夏玉米墒情监测与灌溉预报技术	农田灌溉研究所
22	坡耕地径流拦蓄与再利用技术	农业资源与农业区划研究所 农业环境与可持续发展研究所
23	农田面源污染"五位一体"生态防控技术	环境保护科研监测所
24	花生主要土传病害综合防控技术	油料作物研究所
25	新型高效生物农药防治粮油作物重要害虫技术	植物保护研究所
26	粮油生产中重大有害生物"一加两提"飞防施药技术	植物保护研究所

附录

2023年

序号	推荐技术名称	依托单位
1	黄淮海夏大豆免耕覆秸机械化生产技术	作物科学研究所
2	大豆花生提质固氮耦合绿色增产关键技术	作物科学研究所
3	玉米机械籽粒收获技术	作物科学研究所
4	玉米密植滴灌高产关键技术	作物科学研究所等
5	水稻叠盘出苗育秧技术	中国水稻研究所等
6	南方稻田绿肥轻简高效节肥增效技术	农业资源与农业区划研究所等
7	小麦匀播节水减氮高产高效技术	作物科学研究所等
8	稻稻（再）油周年绿色高产高效生产技术	油料作物研究所 中国水稻研究所等
9	冬闲田油菜毯状苗高效联合移栽技术	南京农业机械化研究所
10	茶园主要害虫绿色精准防控技术	茶叶研究所
11	花生主要土传病害综合防控技术	油料作物研究所
12	弥粉法施药防治设施蔬菜病害技术	蔬菜花卉所
13	新疆棉花病虫害全程绿色防控技术	植物保护研究所等
14	蛋鸡低蛋白低豆粕多元化日粮生产技术	饲料研究所
15	家禽禽流感综合防控技术	哈尔滨兽医研究所
16	重组口蹄疫疫苗毒株的构建与高效灭活疫苗创制	兰州兽医研究所
17	鸡新城疫、传染性支气管炎二联活疫苗（La Sota株+LDT3-A株）	哈尔滨兽医研究所
18	密集养殖区畜禽粪便避雨堆贮技术	农业资源与农业区划研究所
19	稻田氮磷控源增汇技术	农业资源与农业区划研究所等
20	种养结合增效减污技术模式	农业环境与可持续发展研究所
21	油菜精量联合播种与高质低损收获机械化技术	南京农业机械化研究所等
22	茶园机械化生产和茶叶采摘技术	南京农业机械化研究所等
23	基于免疫层析试纸条和移动终端的农产品安全智能快速检测技术	农业质量标准与检测技术研究所

2024 年

序号	推荐技术名称	依托单位
1	黄淮海夏大豆免耕覆秸机械化生产技术	作物科学研究所
2	"一包四喷"大豆主要病虫草害全程绿色防控技术	植物保护研究所
3	玉米密植精准调控高产技术	作物科学研究所
4	玉米条带耕作密植增产增效技术	作物科学研究所
5	小麦匀播节水减氮高产高效技术	作物科学研究所
6	冬闲田油菜毯状苗高效联合移栽技术	南京农业机械化研究所
7	花生主要土传病害"一选二拌三垄四防五干燥"全程绿色防控技术	油料作物研究所
8	水稻叠盘出苗育秧技术	中国水稻研究所
9	南方双季稻丰产的固碳调肥提升地力关键技术	农业资源与农业区划研究所
10	新疆棉花全生育期主要病害绿色防控技术	植物保护研究所
11	西北旱区马铃薯轻简高效节肥增效技术	农业资源与农业区划研究所
12	弥粉法施药防治设施蔬菜病害技术	蔬菜花卉研究所
13	生态低碳茶生产集成技术	茶叶研究所
14	奶牛健康管理生牛乳中体细胞数控制技术	北京畜牧兽医研究所
15	肉羊多元化非粮饲料利用和玉米豆粕减量替代技术	饲料研究所
16	肉鸭精准饲料配方技术	北京畜牧兽医研究所
17	肉鸡数智化环控立体高效养殖技术	北京畜牧兽医研究所
18	密闭式畜禽舍排出空气除臭控氨技术	农业环境与可持续发展研究所
19	农业有机固废酶解高效腐熟关键技术	环境保护科研监测所
20	"控—减—用"设施菜地面源污染防控技术	环境保护科研监测所
21	玉米花生烘储真菌毒素防控与分级利用关键技术	农产品加工研究所 南京农业机械化研究所
22	玉米机械籽粒收获高效生产技术	作物科学研究所
23	茶园全程电动化生产管理技术	南京农业机械化研究所

后 记

历史是最好的教科书，中国农业科学院的历史中蕴藏着丰厚的精神财富，老一辈科学家始终与祖国同行，与党同心，传承伟大建党精神和科学家精神，积淀形成了以"求真笃行 敬农致用"为核心的农科精神，是广大农科人学习党史、国史、中国农业科技发展史的重要参考，是凝心铸魂、成风化人的精神密码。

2024年，中国农业科学院组建了老中青结合的编写组，以建院之初的三支力量为主线寻根探源。编写组立足中国农业科学院成立之初的时间节点，前往广州、茂名、南京、诸暨、义乌、安阳、兰州等地探访丁颖、金善宝等老一辈科学家为实现农业救国理想，求真务实，为中国现代农业科技事业做出奠基性贡献的感人故事；前往延安、阜平等地探访陈凤桐等红色农学家舍生忘死、艰苦奋斗，为党的农业科技事业鞠躬尽瘁的动人故事；在北京、新乡等地探访邱式邦、徐冠仁等留学归国科学家扎根一线、无私奉献，将先进科学技术应用于中国农业发展的奋斗故事。在查阅文献资料、走访调研、广泛征求意见的基础上，编撰了《农科思源——中国农业科学院先行者的故事》，以图文并茂的形式呈现给读者。

入选本书的农业科学家是中国农业科学院的主要奠基人和开拓者的典型代表，他们的个人事迹来源于原始档案、《农科英才（2017年版）》、人物传记、纪念文章等。限于本书篇幅、材料可得性和编撰周期，本书节选了每位代表人物在中国农业科学院建院前以及建院初期的主要事迹，对于改革开放后以及新时代以来的事迹只是简要提及。本书参考书目和文献在文后一并列出，文中不再标注引用具体内容和出处。

编撰工作得到中国农业科学院党组的悉心指导和殷切关怀，以及作物科学研究所、植物保护研究所、蔬菜花卉研究所、北京畜牧兽医研究所、农产品加工研究所、农田灌溉研究所、棉花研究所、哈尔滨兽医研究所、兰州畜牧与兽药研究所、南京农业机械化研究所的大力支持，华南农业大学、南京农业大学、江苏省农业科学院、延安市农业科学院、广东省谢鸡镇、浙江省枫桥镇等单位、基层政府给予了倾情帮助，在此一并表示感谢。还要感谢科技管理局、人事局、成果转化局提供附录内容；感谢作物科学研究所原党委书记张保明同志、农业资源与农业区划研究所研究员白由路同志参与撰写完善有关内容；感谢中国农业科学院研究生院硕士研究生柳才朝和中国人民大学新闻学院硕士研究生吕若兰、韦碧诗3位同学参与调研编写工作。

本次编撰内容时间跨度大，涉及领域广，部分存世资料稀少，且编写组能力水平有限，难免有疏漏、不足之处，敬请读者海涵指正。

本书编委会

2024年10月